U0605339

纯棉时代·亲爱书系

四周的亲爱

赵婕 著

中国发展出版社

图书在版编目（CIP）数据

四周的亲爱 / 赵婕著. —北京：中国发展出版社，2015.4
（纯棉时代·亲爱书系）

ISBN 978-7-5177-0123-1

Ⅰ.①四… Ⅱ.①赵… Ⅲ.①家庭教育—文集 Ⅳ.①G78-53

中国版本图书馆CIP数据核字（2015）第050574号

书　　　名：四周的亲爱
著作责任者：赵　婕
出 版 发 行：中国发展出版社
　　　　　　（北京市西城区百万庄大街16号8层　100037）
标 准 书 号：ISBN 978-7-5177-0123-1
经 　 销 　 者：各地新华书店
印 　 刷 　 者：北京科信印刷有限公司
开　　　本：880mm×1230mm　1/32
印　　　张：5.625
字　　　数：84千字
版　　　次：2015年4月第1版
印　　　次：2015年4月第1次印刷
定　　　价：25.00元

联 系 电 话：（010）68990535　68990692
购 书 热 线：（010）68990682　68990686
网 络 订 购：http://zgfzcbs.tmall.com//
网 购 电 话：（010）88333349　68990639
本 社 网 址：http://www.develpress.com.cn
电 子 邮 件：mayinghua158@163.com

序一　母亲的发现

◎ 温儒敏

对于孩子还在上幼儿园或小学的那些父母，对乐于思考生命和情爱的读者，这套书是很"有用"的。

以《立木与宝猪》为例，该书记载了一个年轻母亲对孩子成长每一步的呵护和观察，其中有许多欢喜、慰藉、困扰、苦恼……等于是孩子的成长日志，又是母亲对自身角色的思考。

里边许多"母亲的心得"是鲜活感人的，那些从琐碎平凡的生活中悟得的"道理"，每个母亲都有兴趣，因为她们也可能碰到，感同身受，读了很自然会跟着去反思。

比如，多数父母可能都认为教育主要就意味着学业，家里只是辅助，而本书认为孩子是需要父母恒久费心的，不能依赖学校，想想，如果父母二对一都无力或者无心，怎能指望老师一个人对几十个学生还能耐心有加？

又如，现在整个社会对学校教育好像都不满，孩子对学校的态度也会受影响，可是书中认为既然无法逃避学校教育，就要让孩子信任学校，不一知半解去批评、抵触学校；即使自己所做的和老师的要求有变通，也要尽量让孩子感觉是老师的体系，不让他迷惑。家长要积极去弥补学校教育做不到的那些部分。

现在人们普遍很焦虑，也就常常告诫孩子对于社会要有警惕防范，例如不要和陌生人说话，等等。本书认为这尽管有些必要，但不宜过度，不要让孩子感到压抑，而应当从小给孩子植入"世界欢迎你"的生命密码，让他确信世界的友善。

书中还建议努力培养孩子的阅读爱好，认为这是良性生活方式，除了可以营造心灵的自由，获得智慧，还能让孩子拥有快乐与尊严。

书中提到，要交给孩子自信，呵护他对生命的感觉，这是随时随地的功夫，是暗中送给孩子的昂贵的礼物，没有价钱标签，只有孩子在生命过程中才能不断体悟。

作者说到，爱、害怕、羞愧、力不从心……所有这些，都要让孩子觉得是人性的"权利"，让他放松自己；而认真做事、善意为人、有主见、自立、敢作敢当等等，这些却要严肃训练，耐心引导。

甚至在一些很具体的问题上，作者也有她的建言。比如，提出不要用"脑筋急转弯"一类的问题来训练儿童智力，这样的问题，很多是对人类智力的滥用，是对人类智力的歪曲。等等。

很多人对诸如此类的"道理"未必不知道，但往往不是心不在焉，就是隔岸观火。读这本书，从一个母亲的角度重新去体验这些熟悉的"道理"，可能就有了新的理解，你甚至会突然醒悟：在孩子教育问题上是多么需要智慧。

书中很多"道理"都是从琐屑的生活中观察得来，并不让人感觉"说教"，也不是常见的"鸡汤"，其中会有困扰与问题，也读得到母亲的无力和无奈。书中写到，"过去父母担心孩子撒谎、不勤奋、品质不高尚，从邻居家的果树下捡一个掉下来的果子吃，也许都会挨父母打骂。今天，我们担忧孩子施暴、担忧他们过早的性行为、担忧他们到黄色网页、担忧他们性取向受到误导、担忧他们被毒品侵染……"这些担忧，书中也许只是提出，并未能解决，但已经压在读者的心头，促使大家去思考、探寻。合上这本书，也许我们会更加意识到，当代社会的多元和自由是幸事，但对于孩子的教育来说，也增加了难度。父母总有某种潜在的恐惧，他们怕这种不成熟的多元和自由会形成价值混乱，对于孩子的精神发育可能构成某种威胁。

书中写得最多的是孩子，包括孩子的心理、孩子的游戏、孩子的健康，以及家庭和学校教育、各种成长的困扰，等等，这些事都是人们司空见惯、却又未必留心的，赵婕却细细观察，有她的独特发现，这是"母亲的发现"，可以点亮生活的所有角落，让我们普通的生活突然变得有些陌生，而又那样饶有情趣。

书中除了写孩子，还写作者的双亲。那也是自己"为人母"之后才产生的对于双亲的回忆。这时候所怀念的母爱和父爱，是年轻时期容易忽略而且所难于理解的。也就是所谓"养子才知父母恩"吧。赵婕在叙写中饱蘸着感情，写得那样质朴感人。读完全书，我们体会得到作者把"写孩子"和"写父母"放到一块儿的特别用心。

这本书用的是随笔体，或者札记体，样式却有些特别。一节一节地记，不连贯，没有小说那样的情节线索，但又有贯穿全篇的人物，就是孩子和父母；断断续续的生活叙事中似乎也有不经意的情节，能吸引人读下去，然而全篇都主要是纪实，是纪实性随笔。阅读的魅力还来自那娓娓道来的亲切感，那略带抒情的书卷气，还有女性的细腻笔致，以及在叙事中不时跳脱出来的哲理思索。这一切都在证明赵婕正在探索一种颇有韵味的纪实性随笔。她已经取得了成功。

赵婕到北大读研究生之前，就喜欢写散文，发表过不少作品。几年重理论的学术训练，没有磨掉她的灵性与悟性，却打开了她的视野，她还是一如既往地热衷于创作。和同学们聚会，人人都高谈阔论时，她总是在一旁默默地看着，似乎是局外人，始终在细细地观察和思考。赵婕富于才情，她有特别的敏感和细腻，这也成就了她的作品。这些年她当过互联网白领、出版社编辑、畅销杂志主编，却又频频"跳槽"，原因还是希望能自由地安静地写作。赵婕大概只有在书斋里，在读书和写作时，才最能感受到自己生命的质量。

赵婕已经出版过"纯棉"系列作品，现在再一次用"纯棉"来给新书命名，给人温暖清新的感觉，是母性和女儿性中特有的那种感觉。这位女作家非常享受并持续地表现"女性"，她的风格是温婉典雅的，远远区别于眼下流行的那些做作的"小资"或浅薄的"小清新"，在当下这个过分物质化、以致粗鄙泛滥的时代，赵婕式随笔的出现，显得独特而珍贵。

2015年1月3日于褐石园

（温儒敏，曾任北京大学中文系主任，教授，博士生导师。现任北大语文教育研究所所长，教育部义务教育语文教科书总主编）

序二 当文艺女青年成了孩子的妈妈

◎ 高秀芹

赵婕是最典型的文艺女青年。

她多情唯美，浪漫彻骨，一路诗书，从巫地到京城，满怀温润绮丽的念头像敏感的细雨，不时洒落在现实的土地上。大地很坚硬，文艺很自我，这一代的文艺女青年，很纯粹。

我想，赵婕的作品，首先是可以为文艺青年正名的。如果说世道人心的变坏是从人们取笑文艺青年开始的，并无夸张。日常显而易见的是，文艺青年的反讽以及文青妄自菲薄的自嘲，都形成了对一个抱持理想主义和自由精神的群体的污名化。

我在赵婕的书写中，看到了她坚持品位的勇气。

当北大文艺女嫁给清华理科男，青梅竹马的同窗前缘加上南辕北辙的互补性格，就成了一个文艺女青年的理想归宿。做互联网白领、主编时尚杂志、阅读写作……这些，都是赵婕文艺生活的一部分。

她的独立特性和细腻情感，需要爱的纯棉呵护。于是有了《纯棉时代·感动》，包括《纯棉母亲》《纯棉爱情》《纯棉女友》。

后来，孩子来了，孩子叫赵卿与，很文艺的名字，据说是爸爸取的。

当文艺女青年成了孩子的妈妈，我们就看到了这一套《纯棉时代·亲爱》。

高尔基说过："爱自己的孩子，母鸡都会，关键是如何教育他们。"几乎所有的女人，生儿育女之后都会变成伟大的母亲，一丝不苟、毫无保留地爱和呵护——这是人类的天性。可是，把自己的生命感觉巨细靡遗地记录下来，则是文艺女青年的独特禀赋和赤诚奉献。

我们在这本书里，可以看到作者极其精细微妙的感觉，对儿子的特别给予。赵婕有"结绳记事"的癖好，她把会时过境迁的情绪、会在时光中淡薄甚至消失的母子细节、周围母亲与孩子的面影神色提炼凝固下来，就像给孩子留下在年月里的精神照片。

她把儿子当作另外的男人来观察体悟，让珍贵的情感的浆果在她的手掌中芬芳四溢；她发掘生活中的无数细节，让坚硬的现实生活呈现富于魅力的肌理，充满温暖情意。

她是真的，美的，但也有善意的欺骗性，她敢于把盛装和蓬头垢面都呈现出来，时时提醒你不能只看她的某一面，她的每一面，都是"真"的，也都在流变之中。她常干"傻"事，是一个虽勇于自省，日求自新，仍会继续干"傻"事的人，一个痴情的女子，一个痴心的母亲，一个痴迷的读书人。

"如果他特别需要阳光，她就是他一个人的太阳"，她笔下的"纯棉母亲"，有时是自己，有时是别人，都在毫无保留地对孩子、对家庭、对爱人、对亲友倾注着爱和情感。

这本"四周的亲爱"，不仅可为亲子关系做一示范，而且可弥补亲族裂痕，沟通男性与女性之间的性别天堑，尤其可给那些"成为母亲的文艺女青年"以成长的鼓舞，让她们从与孩子的互动中得到全方位的锤炼，促进心智人格上的自我完成和完善。

生命是最伟大的导师。文艺的心是柔软的，敏感的，文艺女青年们常常是通过做了母亲，从现实中获取了足够真实的存在感，才彻底剥离了精神上的自恋与情感上的依赖，真正独立、厚重、健美起来。

你会发现，她们的精神，日益散发出慈悲的光辉，她们的目光，也日益坚定和辽远。

（高秀芹，北大中文系博士，北大培文公司总裁）

序三 我的纯棉信仰

◎ 赵　婕

长夜体贴，呵待肌肤，纯棉是至善的。

白昼劳作，随身赋形，纯棉是至善的。

丝绸、锦缎、皮毛、麻绒都试过，自知，纯棉是至善的。

纯棉，随身密贴，浑然包容。如水之上善，刀进刀出，两不伤，水滴石穿，两不弃。

纯棉，真诚坚韧，有质有感。如山之大仁，远之适为容，近之有依傍。

纯棉，真挚素朴，坦然如月映江海，褶皱藏伤，温暖如日耀万物。

纯棉，真实自由，行到水穷处，坐看云起时。

纯棉生活，是清水洗风尘，平鞋走远路。

纯棉原则，是静水流深，平和持久。

纯棉爱情，是今朝两相视，脉脉万重心。

纯棉多情，是还君明珠泪双垂。

纯棉婚姻，是始怜幽竹山窗下，不改清阴待我归。

纯棉友情，是相见亦无事，别来常思君。

纯棉知己，是相看两不厌，唯有敬亭山。

纯棉精神，是云过大海浑无迹，天入名山未觉高。

纯棉关系，是我醉欲眠卿且去，他朝有意抱琴来。

纯棉孤独，是从此无心爱良夜，任他明月下西楼。

纯棉信仰，是倚天照海花无数，流水高山心自知。

纯棉归宿，是晚来天欲雪，能饮一杯无？

目　录

在这…孤独的…人间

与男孩在一起

十二岁生日那天，儿子把本命年红袜子往脚上穿，问我："妈妈，这本书我看过吗？"

我正在看葡萄牙诗人佩索阿的《不安之书》。这是一本落寞之书，是作者与自己的灵魂互殴之书。他五岁丧父，六岁看到弟弟夭亡，七岁随母改嫁。要"为沉闷的生活保持尊严"，他喜欢待在豪华的房间里，被精致的物品环绕，独自消磨"不安和肉体的痛苦"。他的不安剔骨见髓，他说："谁能够不鄙视自己那么可憎地从母亲的阴道出生？"

我对儿子说，这本书，你没有看过。等你足够成熟再看吧。这是一本好书，对成年人沧桑的心，是深刻的慰藉，对儿童，恐怕是疑惑与负担。

与朋友喝茶，说到《浮士德》。朋友说，她像喜欢歌德的伟大一样热爱他的凡俗。没有伟大的凡俗，就是一直在地上觅食的鸡。天上的鹰能双足站在地上，就是凡俗与伟大同体。云要站在地上，就要变成雨，又改名为水，再变成浪，这是只有伟大飘逸没有凡俗的烦恼。

"我看过《浮士德》吗？"旁听的儿子微微一笑。

我说："你看过《浮士德》。在你四个月的时候。我对你朗读：生命之树常青，美，请你停一下。"儿子知道，"四个月"是指他胎龄四个月的时候。

儿子四岁那年春天，在老家小镇外公外婆家的二层小楼屋顶，看到牡丹花开得碗口那么大，他也问：妈妈，我见过这朵花吗？

我说，在你"九个月"的时候，梦里见过。

怀孕期间，我常常想念遥远故乡的青山绿水。九个月时，我的腹部变成胎儿更为雄伟的宫殿，我的灵魂也常常进去子宫和胎儿一起体味那伟大深邃的黑暗，耐心等待生命黎明的到来。我与胎儿一起梦见故乡春光明媚，老家屋顶的紫红色牡丹盛开。

　　儿子出生后，我第一次带他回故乡是六月。我把他的褓褓放在山路边茂密的青草丛中，无名的小花和艾草蓬勃的香，夏季繁盛的气息，婴儿清澈的眼睛映着白云蓝天，仿佛倒挂的海洋漫流在他眼中。那个时候，牡丹花已经开过了。等他到四岁，我安排春日返乡，让他看见"生前"梦中的牡丹。

　　儿子会倾听开始，我与他或者同体，或者在一起，就会告诉他，我和他一起正在看、正在听、正在品尝、正在触摸、正在想……的一切。

　　就像热恋一个人，看见风中一片树叶摇摆，天空一洗蔚蓝浩荡，林中一滴水珠坠落，心里一丝伤感掠过，陌生人做了一次小丑表演……万千时刻，都会默默与之分享。

　　那人像神一样的沉默时刻，我也依然不由自主与之神圣地分享一切凡俗琐碎；那人盛典般的爱，就像神迹，就像胎儿从腹腔里踹我一脚，带给我那痉挛中的惊喜。

最深相爱的情人之间最极致的温柔，就是母子之间的温柔。

等到儿子会说话，他常常会条件反射，问一句：妈妈，这本书我看过吗？这棵树上的花我见过吗？这支曲子我听过吗？……

生命中的一切，或庄雅、或可笑、或平凡温馨、或震惊夺人……我是否曾经和他一起经历过？

我遗憾，此生和儿子相见恨晚。也许等他过完五个本命年的生日，我就不在这个世界上了。六十岁的他，依然年富力强，在这个世界上愉快行走，只是可能会常常放慢了脚步。

很多瞬间，他也许会触景生情，默默地问一句："妈妈，这本书我们一起看过吗？这棵树上的花我们一起见过吗？这支曲子我们一起听过吗？"

曾经做过女儿、学生、恋人、妻子、母亲、教师和朋友的我，曾经健康也生病的我，曾经年轻又老去的我，曾经可爱也可笑的我，曾经善良也作恶的我，曾经聪明也愚笨的我，曾经真诚也撒过谎的我，曾经爱与被爱的我、已生已死的我……那个时候，又是一个胎儿，居住在一位女士的身体宫殿里，正在和她一起体会那深邃的黑暗，等待生命黎明到来，她和我一起正在同看一本书，共赏一树花，共听一支曲，同看一次月，共掬一捧水……

我期待转世投为男胎，能切切知解儿子、情人、丈夫、父亲的幸福与孤独，今生今世，"他"对我的钟爱与忽视、成全与辜负，是他独自怎样的一种承受。

今生我所担负的身份是男孩的母亲，来世我所担负的才是自己。我的男孩，带着泪珠的印迹，那是前世的慈母，密密缝给今世游子的泪水衣服，最后打结的时候，因为悲伤，露了针脚。

* * *

女儿都带着花朵的印记

　　我是一个养儿子的母亲，常常想着有一个未来的女子会加入我的家庭，会来接续我陪伴我的儿子终生。我似乎用心在儿子身上消除男性让我不满意的某些行为举止，或者是女性普遍憎恶的一些男人身上的习性。我能做的就是我的选择。

　　我有一个儿子，我期望为另外一位女子，花多年的工夫准备一份厚礼。如果她与我的儿子相爱，我给她的是一个有责任心与生活能力，有丰富灵敏的爱与好习惯的男人，他要尽可能接近她的理想，能够与她灵敏呼应、深切契合。这样的一厢情愿，是为了一位女子，也正是为我的儿子获得幸福的可能。

　　女性本位的私心，让我觉得，任何一位女子，出世的时候都带着花朵的印记，女孩儿就是花朵儿，直到她老，女性一生都需要一份无比深沉的钟爱，这与她的能干、独立、优秀毫不冲突，甚至是更加匹配的需要。

　　每一个女子都需要充分享受来自伴侣对她的深切理解和爱慕疼惜。

　　无论今天的女性显得多么独立自主，我依然相信，女性能否获得深刻的幸福，还是有赖于她和男性建立的亲密关系如何，以及她对男性的真切了解和所持的一般看法如何。

　　当一位母亲，在产床上艰辛疲倦地完成她的分娩，她第一被告知的是孩子的性别。这是一个固定仪式，其昭示的是性别差异的种种内涵。

　　今天，部分女性固然越来越有能力把更多的自由与孤独掌握在自己手里，然而，社会和女性自己并没有从根本上重新定义什么是男人和女人，以及什么是真正平等的男女关系。

　　女人获得了很大的成长，男人也减轻了责任的重负，就像女人既长了身高又增了鞋跟，身高不变鞋子不换的男人还顺势低下头，二者的身形更不匹配。另一方面，两性生理心理密码的内在差异惯性，两性文化发给男人的不过期自由护照，依然深刻地左右着男女关系的势能。

任何时代都是既成也毁，为了自己的幸福，女性要做个体的自我努力。

假如我有一个女儿，我愿她亲近传统价值，守成之中，不咄咄逼人，不求"绝对独立"，心有缠绵，静静享受女性的福利；愿她独立自主，她重视自己的品行、才情、能力和外表举止；她尊重男性，乐于发现男性的长处，了解他的隐衷，有时能纵容怜惜他的无助。她能对自己的局限心知肚明，与伴侣一起成长，互相成就。她丰富充沛，理解缠绕之美。她有大地的品质，懂得天空令她美满。天空的意义，不在于他和大地之间有什么高下，而是他和大地互补构成圆满。

女性越是具有才华和优异卓然的品质，越需要相应的女儿气和母性与之匹配，来中和这种锐利的光芒，留住她自己的福气。

* * *

被

生命始于"被"。

在撑着帐篷的移动苗圃里，胎儿度过十个月的极夜。母亲的心跳、呢喃、交谈，是其梦中的星辰，带着铃铛的星辰，在神秘的溪水里散步嬉戏。

从母腹到人间，襁褓小心包住带土的婴苗。伸向襁褓的双手，暖如棉花轻如云霞。摇篮边，微笑和凝视，言语如蓓蕾般和气。母亲的双眼，星月之眸，夜夜守候这中转站。

婴儿车前来接引。四只小轮，加快成长的步履。幼儿迸发驾驭生命的激情。双手急推，双脚猛蹬，小车且退且进。这幼苗，把第一条根须扎进花园的泥土里，园丁母亲终于抬起头来伸展疲惫的腰肢。

这园丁母亲，钟情每天绽开的第一朵粉红花。她从此爱上清晨。儿童的笑靥布满芳香，这芳香熏陶母亲的心房。这心房，面对春野。清晨，朝阳串起露珠，钻石项链，在这门窗前探望。

隐约听见骏马之蹄，清水洗净脱落的第一颗乳牙，小小少年已在餐桌边亭亭独立。

个子逐渐长高，迎接更多光芒，其背后的影子也变得更长。小小少年，不知不觉拥有孤独，直面这巨大的生命谜题。

当其还是胎儿，母亲在身体里造就一个大海，让其与纷纭世界保持距离，韬光养晦形成第一个自己。当其迈向青春，生命独自拥有一片水域，灵魂独自造就一盖苍穹。

最初缔造这生命的父母，也把敬畏献给这崭新的图景。

是春蚕在作茧自缚，等着破茧而出；是自我之神在创造自我，等着第七日的休息。

父母，恭候在此。园丁，在角落里收拾工具。

在大地花园里，一棵修树花朵盛开，伸展长长的手臂，与太阳交谈。

这青年的父母，越过正午的忧伤，爱上黄昏和夜深。他们的猛虎，他们的蔷薇，他们的儿或女，有时候看见，有时候看不见：那星星月亮和灯，在最明亮的时刻，与父母眼光的重叠；在暮色的浓荫里，在魅惑的诗意里，父母的幽沉之爱，如静水深流，如磐石坚毅。在大地花园里，一棵浮现父母容颜的大树，树根在静默的潮湿下紧握大地，树干在对天祈祷里加深皱纹，枝桠如曾经伸向襁褓的手臂，伸向那年轻的树。

那年轻的树，叶子在跳舞，花朵在唱歌，那歌舞背后，大树无法拥抱，自己的悲欣与孤独。

成长的新鲜花朵，疼痛的大树枝桠。珍珠翡翠钻石美玉，都不过一滴人间之爱的泪水。为让孩儿成长，母亲分分练习松手，秒秒刻意放心。

心灵的分娩，岂止一朝；灵魂的阵痛，一生难息。

* * *

爱

那个时候，孩子五六岁了，我还把他抱在怀里，在去早餐店的路上，和他谈未来。他说，要爱一个丑女孩，要让人知道，丑女孩也有人爱。

* * *

两次

进入生命历史的爱情，只有两次。

少女会像摘果子一样摘走我的儿子。只剩下我的心，挂在空荡荡的枝头，我也欢欢喜喜。为那纯洁的清澈，我忍受掠夺，就像我当年也从一位母亲那里掠夺。

当少女成为生养过的丰盈女士，内心浩瀚。她会站在那棵树下，爱她赢得的果实，就像立于风露，爱那天上明月。她爱而不据，为而不有，深知信马由缰有一种安详。她会留给骏马最长的缰绳，任他活得像个真正的人，也像个真正的孩子。当她本能地，想霸占他的全部，银针会刺痛她的心，这是她的儿子，忽然她就不忍，另一种本能，令她克己心甘，独自和颜悦色，候他来归。

她甚至会谦卑地跪在另一个女人的坟前，膜拜陌生的母亲，慰藉自己孤独的心。她的身体只有柔弱的激情，她的心灵静似深夜的星辰。

* * *

轻

　　他是一个清秀的男孩，小时候很轻，让我可以更久地抱着他。我一直觉得，是我的愿力，影响了他的体重。

*　*　*

深秋的花

深秋早上，抱着孩子在阳台上看楼下的花圃，我问孩子："秋天的花为什么这样美呀？"孩子说："因为夏天浇水了。"

* * *

奔跑的歌者

　　小时候，男孩喜欢一边奔跑一边唱歌。醒来会在床上唱歌。和妈妈走在路上时，说，他要唱歌，于是欢快地唱起来。两岁时在我的怀抱里，看到阳台景观树上的黄叶，伸着小手去摘了，握在手里，问："妈妈，你老了怎么办？"

＊　＊　＊

时光的味道

去买衣服，也带着孩子，想多在一起一些时间。

我试衣服，没完没了，孩子就躺在沙发上，让自己舒服，也让我舒服。

我去茶楼，去朋友家，只要品尝点心，就会带一点回家给孩子。告诉他，去了什么地方，见了什么人。我与孩子一起拥有那些点心的味道，时光的味道。

* * *

推

我上班，开始是悄悄溜走。

慢慢变得勇敢，敢与小孩子在门边告别。

孩子觉察到我内心的缠绵，含泪推一推我，说，你走吧。

吃拔丝苹果，筷子蘸一下冷水，更容易拔断那甜蜜的丝。孩子的理性，来自比母亲还孱弱的离别悲伤，不如主动推开不能陪伴自己的人。

柔弱者，总是率先选择背叛自己的本意，或推或就。

* * *

自己来

夜晚醒来数次给三岁的男孩盖被子、把尿。

一天夜里，他突然挣脱我，在迷迷糊糊中大叫："我自己来，我自己来。"跑到马桶边，吃力地踮着小脚尖，很快小便完了回到自己的被窝里又呼呼大睡了。

她却一下子清醒起来，感动于儿子的生命历程又发生了质的变化。黑夜里的她，心花怒放。

* * *

井盖西施

有的孩子喜欢飞机模型，有的孩子喜欢毛绒玩具，有的孩子喜欢小动物，有的孩子喜欢粘着大人，有的孩子喜欢不停地说话……

我的孩子，在五岁之前，喜欢井盖，自称"井盖专家"。香山的红叶，植物园的花木，动物园的虎豹，颐和园的湖山，清华的荷塘，北大的草坪，都不在他的眼里。

他痴迷各种井盖：圆的，方的，大的，小的，铁的，塑料的，绿色的，黄色的，红色的……井盖上面除了有各种图案，还有字，孩子都读出来："北京自来水公司""北京市供电局""水""电""暖""污""表""古树"……

除了妈妈，井盖最亲。有时候，井盖比妈妈还亲。

找不到缘由。就由着他，跟在他的小脚后面，奔跑，跟在他的眼睛后面，欣赏。

井盖，在两三年的时间里，成了一家人眼中的西施。

* * *

有限的大自然

到虎峪山庄开会，得便带着孩子，带他认识狗尾草。

在香山饭店开会，让他欣赏月亮和夜色里的山。

在香泉环岛吃饭，让他摸摸那些盛开的蜀葵。

民族园的南瓜，世界公园的三角梅，紫竹院的鸭子，他也开始喜欢。

在孩子身边，已经变得有限的大自然，让他流连。

* * *

蜀葵花的婴儿宝宝

　　孩子两岁半的时候，我去了桂林。坐在船头欣赏漓江美景的时候，他打电话给我，很快乐地说了一通话。孩子发音不够清晰，手机信号不好，我不知道他在说什么。从孩子欣喜的语气里，我知道他一定是告诉我一件他觉得新鲜得了不起的事情。

　　等孩子挂了电话之后，我又打电话过去，询问带孩子的保姆雪莲：孩子说了些什么？雪莲说她也没有听清楚。

　　坐在船头，凝视青山，我回想那几个我未能听明白的音节。回北京的飞机上，望着窗外白云时，我再次回忆那些音节，琢磨儿子究竟说了些什么。

　　晚饭后散步，我详细问雪莲，这几天去了哪些地方，有什么新鲜事，孩子有哪些兴奋的举动。雪莲回忆了半天，孩子的活动无非就是见了新的小朋友，在小区和附近的公园玩耍。孩子总是很高兴地到处奔跑，这儿看看，那儿摸摸，和认识不认识的人打招呼握手，高的女士他叫

"大阿姨"，矮的女士他叫"小阿姨"。

我问有什么不愉快的事情发生吗，雪莲说，就是在小区绿化带玩的时候，一定要摘花，摘了好几次蜀葵花，被管理员说了一顿。

我喜欢夏季开放的蜀葵花。我家小区的蜀葵花有八九种颜色。

我牵着孩子去看蜀葵花。远远可以望见那一大片艳美的花时，孩子就挣脱了我的手，奔跑起来。看他伸展着小手迈着小腿奔跑的样子，仿佛痛饮美酒，心中十分迷醉。

看到孩子在高过他头顶的花枝上使劲拽，等我跑过去制止他时，他的手中已经拽了一大把，花朵花叶花蕾都下来了。

孩子坏坏地得意地笑着，把花朵和花叶都扔在了地上，手中只是留下了一个紧紧包着的绿色花蕾。他用小手小心地把花蕾撕开，一点点露出里面柔嫩的红色来。

　　他递给我看，喃喃细语。这个时候，我听清了他在电话里说给我过的音节："蜀葵花的婴儿宝宝"。

　　我明白了，孩子往桂林给我打电话的时候，给我讲的是这样一个小故事：他看见了蜀葵花的婴儿宝宝，红色的婴儿宝宝在绿色衣服里面，宝宝自己打开看的，妈妈也要看。

　　心花怒放，就是那一刻。

　　多年来，我眷恋蜀葵花，仿佛有什么未竟的恋情寄托在这些花朵上，我年年等待着它如约开放。我从来没有打开过任何一朵花蕾，看到里面最柔嫩的红，我甚至不曾注意过那些花蕾，那些艳丽的花太美了，美得让人无暇去追究它所来何处。

　　仿佛人生，我们都在忙于盛开，为盛开而迷醉。我的儿子，小小的娃娃，为我打开了生命的花蕾，让我看见了最柔嫩的红在柔嫩的绿色襁褓中的绝世美姿。

互相诉说与倾听是一种恩赐。

假定我的至爱之人，当他要对我倾吐爱语的时候，他选择了昙花的方式，他的爱语只是在某个不定的时刻短暂地出现一次，或者如同流星只是在宇宙的心中以坠落之姿滑过，我想，我祈祷不要错过倾听这样的爱语。

孩子和生命交谈的时候，常常选择的就是昙花或者流星这种过时不等候的方式。

孩子的每一天也许都无异于成年人遭遇新鲜爱情。当我的孩子第一次创造出他的词语"蜀葵花的婴儿宝宝"时，他愿意隔着几千公里恩赐我倾听他，分享他的美遇美感。我没能当即明白，只能努力保留强烈的印象。

庆幸的是，他愿意第二次使用他创造的词语，并和我再次分享这个词语诞生的场景和他心灵中穿过的震惊。

* * *

小鸟在前面带路

儿童节早上，我对孩子说："今天是儿童节，你要什么礼物呀？"

孩子只是重复了"儿童节"三个字的发音，只是说"要"。不满三岁的男孩，对儿童节不像对生日那么有感觉，知道要生日蛋糕。

给他照了几张照片，我就和他爸爸一起上班去了。下午，单位放了半天假，让妈妈们回家带孩子过节。等我买完礼物回到家里，孩子已经睡午觉了。我坐在沙发上读丰子恺，看他笔下的童心世界，越看越盼望儿子醒来。等了三个小时，还在睡觉，就把他叫醒了。

在外面玩得很开心，回家路上，路过茶艺馆，孩子很好奇地往里走。我想看看他独自一人到陌生的地方是什么样子，就任凭他走进店堂。

他走了几步就退回了大门口，伸手去关开着的一扇玻

璃门，我正要制止的时候，已经听见嗷嗷大叫了。他右手
关右边的门扇时，左手扶在了左边关着的门扇上，右边门
扇一下子关过来，压了他的左手。

不知道他的手指是否受伤骨折了，想观察一两个小
时，再决定是否去医院。

为了给孩子过节日，爸爸设计了几个新的游戏。先是
把孩子放在婴儿车上，让他身上套着游泳圈作保护装置，
然后，猛推一下车，孩子就从客厅的一端滑向了另一端；
爸爸再跑到孩子面前重复推车。孩子非常喜欢，小车一旦
停下，他就在座位上蹦跳一下，用力地说："还要来！"

过了一阵子，爸爸又去找了一根很长的绳子，系在车
的前端和客厅另一端的卧室门上，让孩子往自己怀里收绳
子，感觉小车的前进。孩子还是小了一些，总是搞不清用
力的方向，爸爸就结束了小车游戏。

下一个游戏刚开始的时候，孩子更加兴奋。在他哈哈大笑几秒中之后，我突然听到一声很大的闷响，然后听到爸爸大声惨叫"儿子……"，我从客厅沙发上弹跳起来，冲向卧室门口。儿子的脑袋右侧已经鼓起一个胡桃一样的大包，但他没有哭叫。

看着那个大包似乎还在往上鼓，中间还在渗血，我惊恐担心是不是动脉要破。我叫爸爸多带钱，叫保姆雪莲姐姐给孩子拿上鞋子和一件外衣，我自己穿着睡衣抱着光脚的孩子就往楼下奔。

就在我们四个人前后跟着奔下楼，三个大人心里都燃着一把火的时候，受伤的孩子突然高唱"小鸟在前面带路"，那种快乐悠然的调子，立刻让我感到自己的紧张有些荒谬。

孩子只会唱这首歌的第一句，他就在我怀里反复用各种调子唱"小鸟在前面带路"。他的歌声让我们都放松了一些，至少他还在唱歌，情况就不会如我想象的那么严重吧。

　　从京西圆明园附近的家奔向西城儿童医院的路上，我不断问儿子，你痛吗？孩子安详地说："痛。"仿佛他还在游戏中，这只是一个游戏问答而已。他时而又很兴奋，高兴出来坐车看夜景。

　　跑过长长的就医通道，看到被急救的儿童们胳膊上脑袋上那些奇怪的装置，我心里感到恐惧，也觉得有了依靠。

　　爸爸还在挂号，我已经让医生先给孩子检查了。医生问："孩子是第一次这么磕着吧？"医生的表情和语调都在调侃我的大惊小怪。医生说，不用做任何处理，不出两个小时，孩子的包就会消失。不过，可以观察他是否呕吐嗜睡等。另外，孩子的手指也没有问题。

　　在医院前后待了不到十分钟，我们又坐上了回家的车。来去一趟回到家里，就到夜里十点半了。爸爸还要给孩子拍几张头部大包的特写照片，孩子也很快乐地配合。

　　孩子睡着了，从他恬静的神情，可以看出他对这个懵懂儿童节的满意。手指被门压得嗷嗷叫，脑袋被门撞得鼓大包流血，对于孩子来说，这依然是非常快乐的一天，甚至这快乐有一部分正是来自他遭遇的"倒霉"事件。

　　我睡在床上想起孩子在全家狂奔下楼的时候，冒出的"小鸟在前面带路"，我就笑起来。这是一种什么样的幽默、镇定和超然呢？他把自己想象成了快乐的小鸟吗？本来都到了睡觉时间了，在快乐的游戏后面，突然发生了一件有趣的意外受伤，他竟然可以带着爸爸妈妈姐姐去坐车玩。

　　我想，那会儿，这个事故的主角，完全没有把我们这些为他提心吊胆的人瞧在眼里，或者说，孩子在用他的"无知无畏"来悲悯小心翼翼为爱者活着的成年人吧，他的歌声就冲口而出了。

*　*　*

安慰沙发

从外面回家，心情不好。父母亲戚都在，我打起精神和他们说话。

孩子来让我抱他，我趁机脱身到他的房间，关上门，我的眼泪就出来了。我让孩子去搭积木，躺在沙发上沉默着。

孩子把积木推到一边，跑到我身边来，双手捧着我的脸，说："娃娃安慰妈妈。"摸摸沙发扶手，说："娃娃安慰沙发。"又来拽住我的手说："妈妈抱抱娃娃。"

仿佛一剪子剪开了死结，我的心松了。

* * *

仁慈

陪伴孩子学英语，我当笨学生，孩子当老师，孩子来考我听写和翻译。

我配合一会儿，出错之后，就会被他打手板。孩子看我出错比较多，很仁慈地说，五个错误打一下。二十五个错误，原本该打五下，他又自动减少为三下。每一下，都轻轻打下去。听写五十个单词，我写完了，让他改卷，他说他去把答案全部写出来，让我自己核对。

考听力的时候，爸爸会把我读得不清晰准确的地方重新读一遍，也让孩子来判断对错。这样，他就用这种有趣的方式学习了英语。

* * *

灯泡打伞

一把倒挂的红色绢伞，是客厅仅有的装饰。房子装修时还流行白色的吸顶灯，都有一个伞形的灯罩。看到爸爸取下灯罩擦灰尘安装好，孩子说："灯泡打伞。"

孩子喜欢的几样东西有灯泡、电插板、井盖。常常许诺于我："妈妈，我要给你买礼物，买灯泡，安灯泡，安很多灯泡。把你的房间和办公楼装满。我挣钱给你买。"越说越兴奋。

睡觉时，孩子要和他的每一个灯泡说晚安，要对家里的每一盏灯说，要亲自关灯。偶尔我们手快，帮他关了，他就急得哭，愤怒地重新打开，再轻轻地很享受地关上灯。这在好长一段时间，成为他睡觉前的仪式。

* * *

妈妈的味道

孩子睡觉的时候，喜欢妈妈握着他的手和脚。我对他说，现在，妈妈一只手可以握住你的两只手，你长大了，你的手就比妈妈的手大了。孩子说，那妈妈就是娃娃了。

睡觉醒来，会问妈妈："我还睡觉吗？我还睡觉吗？"我说，还睡，还早呢，鸟儿都没有起床。孩子说："我睡不着，我怎么办哪？"

从幼儿园回家路上，看到甘蔗，想起孩子还没有吃过甘蔗，就买了一根。在他吃之前，问他："猜猜甘蔗什么味道？"他不假思索地说："妈妈的味道。"回到家里，他就是不愿意尝一尝。也许他早就知道什么是妈妈的味道了。

我回家很晚。孩子就问："妈妈你怎么回来这么晚呀，给我什么礼物呀？"我没有礼物，看到冰箱顶上有爆米花，就给了他。他立刻去微波炉里爆。吃了一盘子之后，我表扬他自己会管理自己。他果然就停止了吃，把爆米花袋子收藏起来。

第二天早上，睁开眼，鞋子也没有穿，孩子就奔跑到厨房去拿爆米花。又坐到我的床前，不断把袋子里的爆米花倒满他的玻璃盘子，吃完又倒，吃完又倒。还让保姆雪莲姐姐给他倒来一杯水。我问他要，他就悄悄把掉在地上的一颗捡起来鬼笑着给我。

看着他，穿着睡袍，醉心享受的样子，我也不无沉醉。

* * *

月夜访友

晚餐时，我接到丁丁妈妈电话，说他们一家度假回来了。孩子旁听了电话，当即要求去找丁丁玩。我说，已经很晚了，周末再去好吗？

孩子什么话也不说，快快地吃饭，过了一会儿，竟然对我说："妈妈，我的朋友不多。"我就带他去丁丁家，一位女友在我家，吃饭前，她还说自己忙了一天，十分疲倦，也自告奋勇地对孩子说："阿姨给你当司机好吗？"

孩子听到阿姨提议，欢叫起来，我还在换衣服，他就拉着阿姨的手先下楼到车里去了。

我们沿着河岸往西开，正好月圆之夜，路上景色迷人，女友惊叹，儿子雀跃。我和丁丁父母是多年好友了，竟是第一次体验去他们家路上的夜景。

到了丁丁家，他们全家也十分欣喜，是感受到如此迫切被人想念的快乐吧。我一直说要介绍丁丁父母和女友认识，说了快半年了，也顺便兑现了承诺。

几个大人说话，两个孩子尖叫着，在屋子里追来追去，摆弄钢琴，争相爬上双层床，把他们共同感兴趣的项目快速地玩了一遍。不到半个小时，按照事先和孩子约定的时间，我们告辞了。第二天，丁丁妈妈又送来一大袋子好吃的东西，说是对孩子昨天拜访的回访。

* * *

鲜百合

孩子的小朋友子归来玩，给孩子带了礼物。我没有合适的礼物，想改日回礼。

子归离开时，孩子飞快跑到厨房，从冰箱里拿出了一包鲜百合，递给了子归。

百合是孩子特别喜欢吃的东西，也算别开生面的礼物了。

* * *

周围世界

　　周围的人都很喜欢孩子。他对一切都充满了兴趣，调皮捣蛋又很有章法。

　　小区的园丁喜欢他，整理花圃的时候，让他和他们一起挖土，一挖就是一个小时，在他回家的时候，还送他一盆灿烂的黄菊花。

　　水管工人喜欢他，说他很会玩水管。

　　百货商店的女售货员喜欢他，跑去和他说话玩耍，被经理罚款50元。

　　超市卖音响的小伙子愿意把柜台高处四五组音箱一一抱下来，让他全部摆弄一番。

＊　＊　＊

工人

见到来家里安装电器的小伙子、水管工、物业修理工，孩子不叫叔叔，叫"工人"。

孩子的理想就是当工人，能够安装，会修理。在他眼里，"工人"比"叔叔"高级。

* * *

脑子乱了

孩子问："妈妈，是不是我生病，你也生病？"好像真的是这样，孩子病，我一般也生病。

孩子说，什么都不想做，什么都不要。由日常的活蹦乱跳变得安安静静。

孩子又说："妈妈，我脑子乱了。我吃了一个东西，其实有点好吃，我却给爸爸说不好吃。"

* * *

孩子与妈妈

孩子开始不吃辣，好几次看到我吃辣，他开始尝试，还说："我喜欢吃辣。"

见我吃阿胶蜜枣，也要了吃，马上吐出来，说不爱吃。

看我往汤里加醋，孩子也加醋，还执意给不吃醋的爸爸加。

我就问孩子：你刚才吃蜜枣没有？孩子说：吃了吐了。我说：妈妈喜欢吃的蜜枣，你不喜欢；你和妈妈喜欢醋，爸爸不喜欢。孩子立即收回了醋瓶子。

确信我不能陪他下楼玩，孩子只好和保姆雪莲姐姐去。我从书房出来和他说再见，说让他好好玩，妈妈在家好好做自己的事。

孩子看见我要出门，要跟着去，我就问他：你下楼玩的时候，妈妈跟着你没有呀？孩子说："妈妈在家做自己的事情。"然后，和我挥手再见，说他自己在家好好做他的"玩"。

我走在路上，才回神过来，自己是诡辩，欺负了孩子。

* * *

"嫦娥一号"

晚上，孩子看完嫦娥一号发射直播，坐在沙发上，把遥控器靠在脸上，眼神很遥远，像入定了一样，怎么喊也不理。

英语"火箭科学家"表示那些复杂的高深的东西。对于六岁男孩来说，火箭、卫星是可以思考的玩具。

思考完毕，他从沙发上起来，又坐到地上，查看他的"装置"。客厅摆满各种装置，用各种东西连接起来的"物理实验设备"。各种食材、调料、化妆品，可以用来做化学实验。

把孩子哄到床上，他又去看少儿百科全书，看迷宫书，对我说："妈妈，你先睡觉去吧，我睡晚点。"想把他从书里骗出来，我就说嫦娥一号"绕回落"，孩子马上纠正说，"绕落回"。

我告诉他，如果他睡觉，就相当于嫦娥一号开始"拍照片"。于是，他合上了书，开始脱衣服，躺下"拍照片"——就是开始"做梦"。

发射卫星那天，孩子和爸爸一起看直播，被他们的专注吸引，我也去看了。

直播完了，孩子写了一个纸牌"嫦娥一号"，挂在自己的胸前。

无论在家里还是在外面，只允许我们叫他"嫦娥一号"。日常指挥不动的事情，只要叫"嫦娥一号"，并用倒计时，他立刻响应。

他的衣食住行玩耍学习都可以和"嫦娥一号"联系起来。

一向不愿意穿鞋子，只要说请穿上"着陆器"，就穿；不愿意睡觉，就说现在"嫦娥一号"必须到月亮背面去，于是就乖乖钻到被窝里；吃饭，是"嫦娥一号"加油；弹钢琴，是"嫦娥一号"处理信息……有了"嫦娥一号"做文章，一切太容易了。

偶尔一次，不听话，爸爸说："那我不叫你嫦娥一号了。"孩子竟然哭了。

　　一天，孩子爸爸悄悄对我说，不知这个法宝能管多久。失灵之后，再想别的花招吧。就像一段时间喜欢吃菜炒饭，一段时间喜欢菜汤，还得寻找下一个食谱。

　　孩子的世界不可思议。

　　他督促我们构筑一个幻想的世界，一个必须变化多姿的生活局面。感谢孩子，等他长大了，告诉他这些被他遗忘的珍宝。

＊　＊　＊

蜜三刀没了

为错过堵车，早早到了单位，又惦记孩子。给家里打电话，孩子一接就说："妈妈，你的蜜三刀没啦。"

我说，好，那是妈妈留给你吃的。

你穿衣服了吗？穿了。

喝早餐奶了吗？没有。

让爸爸给你剪开袋口。爸爸还在睡觉。

"你给我回来！"孩子忽然声音变了调，要哭又忍住了。

我说可以去叫爸爸起床了。你告诉爸爸七点四十了。

砰——电话挂了。孩子叫爸爸去开早餐奶去了。

* * *

第一个9月1日

9月1日，孩子要去幼儿园报名上学了。分在贝贝班，是小小班。

想到孩子在一些年月后，会成为一个高大的男孩子，"贝贝班"几个字就格外有趣，觉得在他所有的衣服上绣名字也很有趣。

8月31日晚上，把他抱在怀里，教他写字，写的是家里的电话，爸爸妈妈的手机号码，还教他写"110""119""120"。说过一遍，他就记住了，很兴奋地在那里重复说"报警WAO WAO LING""大火WAO WAO JIU"，还发挥说"WAO WAO LING就是给警察叔叔的办公室打电话"，"家里的煤气灶安全火，不打WAO WAO JIU"。

这就是父母要把孩子寄存到社会机构的不安全感。

* * *

茫然好一阵子

上幼儿园的孩子，被交给社会了，距离家门两条小马路的社会。

平常我上班的时候，孩子会来推我一下，大声说："妈妈去上班，娃娃自己玩。"然后，他定定站立在那里，茫然好一阵子。

晚上到了睡觉的时间，在我的床上滚去滚来好一阵子，终于说："妈妈睡觉吧，娃娃自己睡觉去了。"然后，自己就走了，还顺手给我关上卧室的门。

现在，我也只能向孩子学习，克制自己的感情，理智地去做自己该做的事情：把他交给社会。

* * *

请给孩子穿裤子

保姆雪莲姐姐太爱孩子，跟随幼儿园的送饭车，混进了幼儿园，碰巧看见孩子光着屁股坐在教室里。

我给老师打电话说："请给孩子穿裤子。"老师非常惊讶我怎么知道孩子没有穿裤子，承认是事实。她说，孩子尿裤子了，她不愿意打扰家长，就只好那样了。我说，我留了三个电话给幼儿园，就是为了及时保持联系，我家有保姆，家也在附近，随时可以送衣服过去的。

我又给园长打了电话，希望他们改进学校理念：能够爱护孩子，懂得尊重孩子。

第二天，我被学校约去见面。老师痛哭流涕给我道歉，表示以后对孩子要细心照顾。我觉得过意不去。为表歉意，我买了像样的礼物送给孩子的三位老师，又给园长打电话说和老师沟通得很好，我已经满意了。

那位让孩子光屁股的生活老师，也算是不打不相识，她坦率地告诉我，开始总看到保姆接送孩子上学，以为孩子是保姆的。

　　我一向不愿意相信势利眼，那一刻算是明白了。此后，还是加强与学校的沟通，不希望自己的缺席，给孩子带去伤害。

＊　＊　＊

费心欣赏

他是一个调皮机灵的孩子，可有老师愿意费心欣赏？他冲刺般的短跑爱好，实在让我紧张。磕掉的门牙，在他的恒牙长出之前，天天都在提醒我，作为母亲，失职是多么可怕的一件事情。

他也是宁静的，独自玩积木可以专注大半个上午。他最神往的事情是"摸灯泡"，吃饭的动力是可以摸到吸顶灯，看到里面的"环形灯管"……

他和所有的孩子一样可爱吧。

* * *

孩子的心

超市里来了一个三岁左右的孩子，**重重叠叠穿着**旧的绿毛线编织的衣裤，有的地方还打着黑布补丁。他的脸上横竖几道污迹。他活蹦乱跳，引起一阵阵笑声。

我选好一推车东西后，又碰到孩子，他在伤心地哭。女售货员用蔑视的眼光盯着他，还恨恨地说：真讨厌！真讨厌！

那是我看到的人间丑景之一。我不知道孩子有什么举动能够让一个母亲年龄的女人那样不平。我俯下身去，握着孩子脏脏的手，抚摸他结痂的头发，反复对他说："宝贝别哭，阿姨喜欢你。"孩子渐渐平静下来，羞愧地告诉我，他撒尿了。货架旁边没有尿，可能刚被售货员用抹布擦掉了。

只需抹布擦一下，没有愤恨需要的力气多，她却为此不放过一个孩子。是否在她幼小的时候，也遭受过类似的待遇呢？

　　我表扬孩子没有尿湿裤子，告诉他，五岁以下的小朋友偶尔一次把尿撒在任何地方都没有关系，下一次可以早点告诉妈妈找厕所，要他原谅那个不了解孩子的阿姨。又告诉她，城市和咱们家乡不一样，田地都修了房子，孩子撒尿的草地被占了。这个道理孩子懂了，大人也就不会出错儿了。

　　孩子慢慢高兴起来。超市深处，有个呼叫孩子的声音，小家伙摸了一下我的脸，笑着跑开了。我庆幸那个孩子哭的时候，被我看见了，他满面泪痕的小脸又变成了笑脸。

　　孩子的心就像缎子一样柔软光滑，无论他来自哪里。有人一定把孩子的心揉皱，也不要让那个皱纹过早成形。伤他是过失，爱他是责任。

＊　＊　＊

为不想忍耐的东西找解决办法

有段时间，每天早晚都给孩子讲故事，没完没了。

我忙起来，想从这个"故事陷阱"里脱身。孩子掉了几次眼泪，才习惯了只在周六早上讲故事。

有天晚上，我有时间，要给孩子"奖励"一个故事，孩子说：把"奖品"放在第二天早上发。他宁愿早上醒来躺在床上听一个故事再起床。第二天早上，我只好把自己从书桌边"拔"出来，乖乖躺到孩子旁边，去给他发"奖品"。

这个行为启发孩子看到了事情可以变更的余地。晚上，孩子来到我的书桌边，对我说："妈妈，我想到了一个好办法，就是，隔四天讲三天。"他拿了笔在本子上写，然后递给我。

本子上写着：

4 3早

4的下面牵了四条线，分别写着1 2 3 4

3的下面牵了三条线，分别写着５６７

孩子拿着他起草的"合同"给我解释：每周，必须在周五、周六、周日早上都讲故事。

我签了字。

孩子善于忍耐，也善于为自己不想继续忍耐的东西寻找解决办法。

新挖的"故事陷阱"又按照孩子的意志运行，依然是我们临时合作编造的故事。

说到一个孩子故意不想听见老师的话。孩子说："他假装没有听见。"马上又改口说，"他真装没有听见。"

我问：哪一种"真装"不是"假装"呢？他说，比如说"真会装蒜"。

＊　＊　＊

我是谁

我叫孩子写一篇关于他自己的文章《我是谁》。

写了几句，他就写爸爸和妈妈了。第五段，我希望他应一下题目。就告诉他用一句话联结：有什么样的父母就有什么样的孩子。然后，再写到他自己与父母相似的地方。

孩子说：如果母亲是狗，父亲是屁，孩子就是狗屁吗？

* * *

我妈妈特别烦人

我叫赵某某，今年九岁，三年级小学生。我也在琴童天地学钢琴，正要考八级。

我爸爸叫赵某某，我妈妈叫赵某，我们全家都姓赵。我爸爸除了吃饭就是写程序，除了写程序就是看球赛，除了看球赛就是让我学SBS，学了SBS，又学奥数。

我妈妈特别烦人，整天在我这儿说写这写那。近来，她迷上《开卷八分钟》。我有时很烦她捣乱。她跟爸爸还好，到我这就不行。估计她怕我爸爸。家里看不顺眼，她就重新布置。她不太爱看电视，要看就看BTV科教。她早早地起，晚晚地睡。

有时她让我把东西从这边拿到那边。几个月前买把锁把箱子锁起来，又把饮水机从厨房挪到客厅。现在她不像从前那么早出晚归了，有时间来辅导我的语文。

有人说，有什么样的父母就有什么样的孩子。我跟爸爸一样喜欢钻研计算机和数学，跟妈妈一样喜欢博览群书。我希望自己学到爸爸妈妈身上的优点而不受他们弱点的影响。

* * *

兴趣派、山水派与情爱派

孩子四岁半，越来越接近被关进笼子的时间，我想在春天带他旅行。

"兴趣派"父母乐于给孩子上各种兴趣班，"山水派"父母愿意孩子亲近大自然，我想，我是"情爱派"，所谓旅行，也是带着孩子去我喜欢的人所在的地方，一些自己去过不止一次的地方，这样的地方才有"山水"有"兴趣"。

火车上，孩子喜欢和人交流，老去打开别的包厢门。还让叔叔抱起来，看各种控制开关。

叔叔问孩子："你这么小，怎么什么都懂，是爸爸教的还是妈妈教的？"孩子说："爸爸妈妈教的，但主要是爸爸教的。"叔叔又问："是不是你爸爸什么都懂？"孩子说："是的。"

上海。小雨。从火车站往恒丰路走。上下天桥，孩子帮我抬旅行包。小唐、易虹、艾尼接到我们。去云都吃早餐。去《女友》编辑部。见到有孕在身的同事豆豆。

去商场，豆豆给孩子买了袜子和鞋子。小唐对孩子很耐心，给他点了他喜欢的海鲜汤。见到了李昕，她做《瑞丽》主编后更忙了。易虹正要飞回北京，艾尼下午回西安，巧的是都见到了。

说好晚上不去小唐的住处。小唐担任女友集团社长后，还分管上海《女友》一摊事，担心打扰她。到了豆豆住处，孩子打开另外一间门，对另外两个女孩说"我来了"，很兴奋，自我感觉良好。

午休时开了空调和电热毯，孩子很快入睡。

傍晚，豆豆陪我们去江边，看外滩风景。坐了2元单程的来回轮渡。孩子喜欢。回程坐在前排，穿粉披风的小女孩被妈妈带着，她对孩子讲上海话，孩子茫然看着她。我把孩子抱在怀里，请女孩妈妈抱着女孩坐在孩子原来的座位。下船，我拉着孩子，孩子和小女孩拉着小女孩的妈妈，豆豆拉着小女孩，我们五个人一排走。

晚上，在一茶一座和张金大卫夫妇、张黎、小元见面。

大卫是美国人，孩子问大卫，为什么你身上那么多黑黑的毛。大卫说，没办法，天生那样呀。张金早上刚从泰国回来，穿着一条很风情的裤子，她又带给我护发用品，她给过我很多化妆品，看我还是不着意打扮，这次就换了护发的。饭后，张金又抢着买了单。

孩子点了红豆冰沙，还要喝冷饮。我和他谈，他不高兴。最后哭着压低声音说，他忍不住。我就让步了，点了木瓜奶。他说吸管和菜单上不一样，我去看，果然，菜单上的打了小结。

下雨了。不好打车，担心豆豆在春寒中感冒。

回到住处，电跳闸了，我们摸黑睡下。孩子很快入睡。第三日，到杭州看春天的雨雾西湖，在湖边喝茶聊天。第六日，高中挚友水桑从宁波开车来接。她的儿子九岁，很像哥哥的样子，带着小弟弟弹完琴，就钻到一个被窝里聊天。

从北京到上海，从江浙到四川，妈妈和妈妈是朋友，孩子和孩子是朋友，各自开心。孩子带着几张打印的琴谱，旬月旅行，弹琴没有耽误，巧的是，每位朋友家里都有钢琴。

最后，回到故乡，孩子见到外公外婆和亲戚，在小镇上，认识小朋友，认识杂货铺老板买各种零件，搞他的"科研"。

穿着小镇裁缝长辈送的花棉背心，一个心满意足的乡村孩子的样子。放牧一趟，回到北京，再过两年就变成小学生。

* * *

在乡村度过童年

楚迪打电话说，今年过年她最高兴，爸爸妈妈带着她在一个叫农村的地方住了七天。讲了好多高兴的事，最后说："干妈妈，你知道吗，当穷人是最好的，可以养鸡养鸭养狗。"楚迪妈妈接着讲电话，一个叫"农家乐"的度假村，原本打算只住两天，楚迪赖着不走，索性就在那里过完了年。

楚迪上幼儿园小班时，悄悄告诉我："干妈妈，你知道我最讨厌什么吗，我最讨厌人。"接着，楚迪会跳芭蕾，会弹钢琴了，读小学一年级，学英语有外教，应有尽有，惟独没有可以养鸡养鸭养狗的农家院子。

山野、清新的空气、杂粮属于我这一代，从未想象自己孩子这一代的奢侈。我的父辈给孩子一件新毛衣都附送好一顿严肃的教育。

不到三十年，我们曾经拥有过的朴素清洁，是现在孩子拿多少钱也买不到的。

　　我曾写过一句话："我喜欢生活中所有变形存在的爱情。就像我喜欢大自然中，那些潮湿却不见水的地方长出的茂密青翠的植物一样。"

　　写这句话的时候，我的头脑中是有画面的。那幅画是我故乡老屋后山雪坡的景致。雪坡上有一个天池，常年有水渗透雪坡阳面的一大块地皮，那一片树木青草绿油油的，野花格外艳丽，石头上的苔藓也特别茂盛。

　　这些画面，忽然让我陷入了恋爱般的感动中，乡愁一下子就起来了。

　　《父母》杂志读者问卷问："对于自己的成长，你最欣慰的是什么？"

　　我的答案是："在乡村度过童年。"

写着答卷，我眼前出现春末的家乡，一望无际的豌豆花，丝绸般光泽，彩蝶般样貌，红白粉绿紫黄，在肥嫩的翠叶间，在微风中跳细碎之舞。

我说话，写文章，喜欢各种比喻，有些平淡的话语中，都潜藏着优美的画卷，在我脑中浮现。阅读、倾听也一样，我可以看见听见有些人心中的画卷，那是一种绝妙的同声翻译，译出我心中的画面。

寒夜微雨，都市灯火里，走在爱人身边，我恍惚感到春意。

我问：你喜欢什么季节？他说："要看何处的季节，或许是南方的春天，阴雨濛濛，田间泥泞。"我们的脑子里，出现同样的诗句："第一次被你的才华所触动，是在迷迷蒙蒙的春雨中。"我们各自的心中，都有血液里流动过的画面，弥漫少年时代的似水流年。

　　我很惊奇，童年时光在人生中有那么强大的势力。

　　当我把六个月大的儿子，从北京抱回三千多公里外的老家时，我把他放在五月路边齐脚踝深的艾草丛里。我愿意优美画面和香草的气息，最先来占据我儿子的身心。大自然的馈赠，就像一场变形存在的爱情，让他的生命郁郁葱葱。

　　　　　　　　　　* * *

一米二

期待好久，孩子有了一米二，能带他去音乐厅了。

孩子非要独自坐在第一排剩下的一个位置上，我和爸爸坐在第三排。

第一首勃拉姆斯，孩子很安静。第二首舒伯特，他开始挥手打节拍了。别的孩子发出动静，已经引人侧目了。我蹲走到儿子背后，示意他不要手舞足蹈，更担心他还要发出声音。他要爆发的样子，我以极快的速度，抱着他悄无声息出了演奏厅。孩子懵了，出了演奏厅，到了远处的楼梯拐角，他才反应过来。

我们出了音乐厅。看来，听音乐会，身高只是一个条件。

我和孩子手拉手谈判之后，手拉手在北大校园闲逛，爸爸来电话，说中场休息，问我们是否再回去。孩子答应和我坐在第三排，而且不出声。安静欣赏一首长曲，还不到演奏间隔，孩子悄声说他要小便。他改变了策略。我说再等等，他说不行。我又抱着他快速撤离。

　　孩子问："妈妈，我下次还能听音乐会吗？"

　　我说，能。第一次从演奏厅出去，我说，在他能够自我管理好自己之前，不会带他去音乐会了，不带他去国家大剧院了。第二次，他尽量忍耐，想挽回自己的形象。但他还是用小便策略，逃出了音乐厅。

　　孩子知道自己该做什么，但有时候又做不到。

　　我们又在校园闲逛，等音乐会结束。

　　与爸爸会合后，他说，以后听音乐会，不要给孩子喝太多水。我笑一笑。喝水与小便肯定有关系，没喝水也可以说要小便啊，如果孩子需要一个委婉的理由。

＊　＊　＊

磨牙棒

带孩子去参加帮助玉树孤儿的慈善晚会。

孩子不喜欢气球爆炸的声音，一个人待在演出厅旁边的一个包间，面向窗户外的竹林和冰湖看随身带的书。

临走时往募捐箱里投了钱。在楼下的婴儿食品店，给他买了磨牙棒。他很开心，说自己有牙了，磨牙棒一点都不磨了，只是好吃。他似乎推测到了婴儿萌牙时期的快乐。

孩子很感兴趣他小时候的事情，有时候还在生气，我一讲他小时候的事情就全神贯注听。也喜欢听我小时候的事情。讲了几年，小时候的事情讲得快没了。

他近日提出让我讲自己讲到25岁。

* * *

科学试验

除了作业和上学，孩子都在研究那本科学游戏书。他不断和爸爸讨论电压问题，作业做得心不在焉。放学后，陪他买到了15把铜钥匙，15个苹果，15根针。需要电线，他想起上次他感冒了给他吹背吹坏的电吹风，扥那上面的电线剪下来废物利用。一排小国光苹果连在一起，每个上面还用红笔编了号，插着钥匙和针，一个孩子坐在那里，忙个不停地做科学实验，在我眼里毕竟是一幅美好景象。

这个实验做完，原计划成本150元下降为20元。

最初，孩子征用开抽屉的铜钥匙。我收回来之后，他又打算买很多电开关回来拆出小铜片，最后才想起配钥匙的地方有铜钥匙坯子可用。

家里有苹果，但太大了，水果铺只有中等苹果，买了一袋回来，还是觉得很浪费。

第二天放学去超市买了一小袋国光苹果。

* * *

别打扰我

孩子某次测试卷，看图写话。他不写过程，直接写出概括性一句就完了，扣了25分。小学生作文要求写300～500字。

他写句子，仿佛是在雕刻钻石，每个细小动作太坚硬。他也许宁愿像工匠那样雕刻真的钻石。让他写作文，他说："我在做细致活儿呢，别打扰我。"在书桌那里弄他的电焊设备。还对我说，可以给我制造穿针器，在我需要的时候随时找他。

* * *

学轮滑

　　傍晚，爸爸带孩子下楼学轮滑，左右肩上各挂一个红色的包，是他和孩子的轮滑鞋。

　　我在厨房做饭，从窗户边能看见他们。爸爸很快就换上鞋子了，孩子好半天还在系鞋带。越过落光叶子的树冠枝桠，看白衣服黑背心的爸爸，手里拿着白色棉线绳子，一边旋转滑着，一边等着孩子。

　　孩子穿好了轮滑鞋，滑到爸爸身边，拽着爸爸的绳子，很快消失在了楼的后面。一根棉线牵引的动作，增加了游戏因素，孩子玩耍得更加投入，很快学会了轮滑。

＊　＊　＊

怕出错

以我的经验，孩子是艺术家，孩子的事，需要艺术手法，两点之间，曲线也许比直线更短。比如，治病的苦药裹上糖衣。

孩子怕出错。

偏偏，弹钢琴和学英语，出错频率最高。这两样技能的学习，又需要很多时间去磨。出错频率乘以时间，得出的错误总数就很大。一出错，孩子就急得面红耳赤，试图以罢工来摆脱错误。

我想了一个笨招：如果孩子在家里学习英语出100次错误，就奖励他。

孩子问：为什么犯错还有奖?

我说："第一，世界上没有不犯错的人，你会犯错，说明你是正常人；第二，学习新东西和难东西，最容易出错，学习中的犯错意味着进步。妈妈从不犯弹钢琴的错误，是因为我没有学习钢琴，你，犯过弹琴错误，你才会弹琴，你这个错误就比妈妈没有错误更强。所以，妈妈要奖励你。"

我知道孩子的自尊，他不会为了获奖而喜欢错误。

奖励，让他能容忍错误。犯错带给他的痛苦有了补偿，他承受起来似乎容易多了。

＊　＊　＊

电视与书

假期，孩子睡觉也笑出声来。他说，梦见灰太狼了。

我正想提醒他，这段时间他看电视的时间太多了。

梦中笑出声来，是因灰太狼，我又不忍心扫他的兴了。我不扫他的兴，他的兴致就更高了。午觉也不睡，一有空就想看动画片频道，看看灰太狼出来没有。

我终于对他说："先生，你不要被电视控制了。"

孩子做到了大半天不看电视。到了傍晚，有点犯瘾的样子。

我说，《西游记》里面有个八戒，我们来个三戒如何？孩子笑起来，问什么三戒。我说：戒电视，戒钢琴，戒英语。他一听，戒电视很可惜，但也不用弹钢琴不用学英语，很划算啊。

我想，得趁机引导一下阅读了。孩子除了喜欢看《迪斯尼少儿百科全书》和有关电路电脑的书之外，对人文图书，还没有多少自发的兴趣。

孩子在房间里唱歌穿行。我拿起一本《日本漫画》，一边看，一边大笑。孩子被逗了过来，拿过去书看了。

晚上，孩子拿着一本《高中物理》挤到我书房的小床上来，和我并排躺在那里看。我提醒他看点别的书，他找来《小作家》《小学生分类作文》之类，大概是那些内容和他的生活相关；又找来家长读物，想弄清家长在想什么，大约希望知己知彼，与家长博弈能"百战不殆"。

我拿出《精灵鼠小弟》给他翻开，递到他眼睛下面，放在《小学生分类作文》上面，他也不知不觉看进去了。他读得相当快，不时哈哈笑，比如鼠小弟把妈妈的紫罗兰香水喷了一身，孩子就笑起来。我不知道他是如何发现那些笑点的，我感觉他看得太快，以至于以为他在假看，可是他又不时找到笑点。

花了一周时间，孩子戒掉了电视，看了《假话国历险记》《尼尔斯骑鹅旅行记》《鲁滨逊漂流记》等很多童话和名著。

我再接再厉，干脆把客厅的沙发送了人，摆上了硬板凳，使得看电视的物质条件十分恶劣。我又把两个书架摆到孩子的床头，给他精选了一些适合他看的书，使他随手易于拿到。

一年时间过去，我们家差不多都忘记了电视。电视机出了一点小毛病，也懒得去修，就送给钟点工，客厅从此没有了电视。孩子能够随手拿起喜欢的书来看了。

我也因此体会到两点之间曲线最短，以及这个世界上糖衣炮弹存在的原因。

* * *

电影与阅读

把《小淘气尼古拉》买回来给孩子，他不看，说书太厚了。就从网上找出电影给他看。爸爸起床，看见我们在看电影，提醒今天应该带孩子学语文。

我说，这就是学语文。

等看完这个电影，再把书给孩子，他就看下去了，笑个不停。

这本书，后来反复看。

* * *

孩子谈阅读

孩子写了一篇小文章，谈他的阅读——

我很爱阅读。在早上，晚上，在朋友家都可以阅读。我有很多书，我妈妈为了方便我读书，在我的床头放了两个书架，书桌上也有一个。

阅读的好处是：可以知道更多的东西，可以知道一些有趣的东西。有时候阅读还可以度过一些不知道干什么的时间。阅读可以让人愉快。课外阅读还有助于学生学好语文。

有人说，腹有诗书气自华。我看过一个故事，一个小偷进了一位诗人家。诗人已发现小偷，但是他假装不知道，说："腹内诗书存万卷，只是家中没有钱。"小偷逃，诗人又说："莫惊后院大黄狗。"我觉得这样的人，很有雅趣。这也是读书能给人的境界。

这里有一点要说，读书固然好，但也要注意，不要太近，否则得近视眼。得了的话，什么书都看不了了。

* * *

自己跟自己聊

某天，孩子对我说，爸爸不该用QQ，那会影响他工作。我猜孩子并非批评爸爸，而是向我询问是否可以用QQ。他不像我常常冒失直接，他有更为冷静含蓄的方式。

我说，QQ也可以是工作工具啊，你也可以用的。

他欢呼着，去给自己申请了个QQ。他的QQ资料里分类齐全，什么家人朋友等等。但加他的人只有我一个，爸爸忙，还顾不上加他。他不过瘾，一会儿告诉我，他申请了两个QQ，打算自己跟自己聊。

某天，终于有个同学加他了。

爸爸提醒他用QQ太耗时间。同学在QQ上问他课件的事情，他就非要人家告诉他邮箱。同学打电话说只有妈妈的邮箱。孩子又提出和同学妈妈通话，拿笔记好邮箱，给同学妈妈邮箱发邮件，附件太大，好慢。

我对孩子说，QQ其实更快。爸爸说耽误时间，是指如果总在上面聊天耽误时间。有时候，无法给孩子什么原则性的话。除非那些原则性的话配合具体的行为解释，或者多角度的沟通。

*　*　*

不要核武器就好

孩子上完奥数课，又去中发电子城。是我生日，问他送什么礼物。他说："你自己买什么都行，我买单，不要核武器就好。"

在中发，孩子要买激光管。红色光的18元，绿色光的70元。孩子以前都买红色的，他更喜欢的是绿色。我提醒他：先问自己真心，再权衡代价。他说，他喜欢绿色。好，我说，再看看还有什么利弊。红色的是封装好的，不容易坏。绿色的呢，没有封装，很快就掉线了。售货员可以现场给他焊接好，用黑胶布缠起来，再掉线，家里也有焊接的工具和焊锡膏。这个代价也能承受。他选择了买绿色的。

* * *

想挣钱

　　和清华经济学院宋老师一家出行。宋夫人是金融专家。他们在车上放收音机，讲的是财富故事。孩子听得很入神。晚上回家找到他的银行卡。他拿去在电脑上建一个文档，把他的卡号写下来，把卡上的其他信息也写了下来。我问他，是不是想挣钱？他说，是，男人要喜欢钱，男人要养家活口。

＊　＊　＊

能自寻快乐的孩子

鼓励五岁孩子当"独立宝宝"，希望他各方面更加独立。

他独自去睡觉了。我正揣测是否又会听到木地板被小小的光脚丫咚咚咚敲响的声音，孩子已从他的床上起来，抱着他心爱的"抱抱"（一块从小抱的花床单），光着脚，咚咚咚跑向我的房间。我想，又得花将近一个小时和他"纠缠"，直到他睡着。

孩子滚到我床上，咯咯咯咯……笑个不停，忍住之后悄悄对我说："妈妈，我想告诉你一个好玩的事情。"

我笑看着他说：讲吧。

"我在学前班的电视里看到，几个蓝精灵抬着一根棍子，不小心滚到水里去了。哈哈哈哈（孩子很奇怪，看到类似摔倒、东西被打碎的画面总是很快乐）……"

咚咚咚咚……

男孩欢快地笑着，从我床上敏捷地翻身下地，穿过客厅回到了他自己的房间，一会儿，就没有动静了。

过了几分钟，去给他盖毛巾，他已经睡着了。

以后想到这一幕，我要忍眼泪。

一个能寻找快乐的孩子，让母亲欣慰，让母亲心疼。

一个找到快乐，再穿过黑暗的客厅，来和我分享他的笑的孩子，让我心酸。

一位母亲，在生下一个孩子的时候，她是多么希望时时刻刻，以及永生陪伴着她的孩子呀，但造物主没有对任何一个母亲网开一面，让她实现自己的愿望。

那么，就让我们且笑且哭，天天、时刻去感受"当下"的一切吧。

* * *

依样学样

　　我扭了腰，躺在床上看书，孩子也躺在床上看书。我在爸爸面前说身体这里不舒服那里不舒服，孩子也在我面前做出病怏怏的样子逃避弹琴。

* * *

母子小时光

　　孩子正在朗读一篇文章，讲一家子人人都有读书癖的故事，沉溺读书的一家人，闹出各种笑话，比如把锅烧糊了之类，孩子笑个不停。我正在做家务，我走到哪里，他跑着跟到哪里，笑岔气了大声读，怕我听漏一个字，我们一起开心笑。

　　我收拾衣柜时，和孩子一起看相亲节目。孩子问我：如果你是女嘉宾，爸爸是男嘉宾，你会选他吗？

* * *

爱看批评父母的书

孩子爱看批评父母的书，活学活用。

去稻香湖的路上，我摸摸他的头。他说，这是娇生惯养。我说冷，他也说我是娇生惯养，还说，男孩穷养有出息，那本书，他看到了。以前，他看了另外一本批评父母的书，我摸摸他的头，就说，这是过度关心。

* * *

数着日子等

孩子刚听说陈焱要从澳大利亚回来，就去准备了要给陈焱妈妈看的东西。他说，很不耐烦等到17号。又反复问，陈焱妈妈什么时候回来，是不是元宵节回来，又问栗叔叔的英文名字怎么写的。

每天问几号了，数着日子等。

* * *

怕死

睡觉前，孩子掉眼泪，说不喜欢一个人睡觉，怕死。睡觉的时候，就会想到死。所以，他希望身边睡着一个人。

我就去陪他。以前，告诉过他，人能够活到120岁，好了一阵子。后来又不满足了。告诉他有篇科幻小说，说人可以活到700岁甚至永生。他很感兴趣，要找到小说看。

* * *

喜欢的和害怕的

朋友问我家孩子，对父母最不满意的是什么？

孩子说："我对爸爸最不满意的是，他总是在他的电脑前编程序；对妈妈最不满意的是，她不让我动她的电脑，但她让她丈夫动。"

孩子总是要找到机会谈到他喜欢的电脑。语文作业上组词，蓝色的蓝，他组词是蓝屏。我建议他修改，坚决不同意。他的语文老师不可能知道，他对蓝屏死机的痴迷。他也总是把自己的电脑设置成蓝背景，故意跑来骗我是蓝屏死机了。也希望把我和他爸爸的电脑都设置成蓝屏。

朋友问，为什么把"我爸爸"说成"她丈夫"？

孩子四到七岁之间，焦虑死亡问题。七岁后，焦虑父母离婚问题。周围小朋友中，父母离婚的太多了，他总是问我和他爸爸会不会离婚。还说，他将来不结婚了，因为，那些人吵架离婚，还上法庭。

我先是给他保证：爸爸妈妈不会离婚。

偶尔，还在孩子眼前秀恩爱。

孩子逐渐得到了他需要的安心踏实。他很乐意他把"我爸爸"说成"她的丈夫"。仿佛觉得，有了"她丈夫"，才有"我爸爸"。

* * *

终于有人同意了我的敏感

早餐时候，蒸热的杂粮馒头，湿了一部分，孩子看到了就恶心。他常常是看到某些视觉感不舒适的食物就要恶心。我说你太敏感了。

爸爸也说，这个馒头沾了水是太难受了。孩子说：终于有人同意了我的敏感。

* * *

40床鸭绒被

　　她和孩子谈到母亲们生孩子的事情。她说，在有的地方，医学条件很差，母亲生孩子有生命危险。

　　孩子一向思维缜密，他想到分娩出现死亡的三种情况：孩子母亲都死去了，妈妈死去孩子活着，孩子死去妈妈活着。

　　他抹眼泪。

　　她转移话题，告诉他，在产房的时候，他是什么样子。

　　凌晨，她摸到孩子的脚在被子外面，有些冰凉。她用手给他握着，给他温热。

　　他在熟睡中。她想起他的眼泪，想起他曾经说的他长大了要娶一个长得不漂亮的女人，为了告诉她，丑女孩也有人很爱。她想起他，听说小时候外婆打妈妈，他也掉眼泪。

汪丁丁先生说，只有软心肠的人才会疯，韦伯写《资本主义新教伦理》前，在精神病院住了七年。她又想起尼采看到人鞭打马，就抱着它哭，然后疯了。这是一些有名的疯子。在日常生活中，她也见过不少无名的疯子。

人的心，像《豌豆公主》娇嫩的肌肤，隔着40床鸭绒被也能感知一粒豌豆。每个人最先都是粉嘟嘟的婴儿，脱离了纯棉的褓褓，忍耐人世多少残酷和粗糙。

有人会说，这个世界就这样。这个世界，把很多人变成了螃蟹，霸道又坚硬，但是，敲开他的壳，最柔嫩的肉质就在里面。

* * *

去看病

送孩子上学的路上，他说肚子痛。

我拜托他坚持考完试。一个小时后他打电话说考完了。

我让他请了假，带他去医院。在路上，他说他好了。这是老毛病了，还是带他去看。我也趁机给自己看了病。一直拖着不想去医院的。

孩子说："看来我生病还有个好处，让你也看了病。"

在医院，孩子很不耐烦。他东跑西跑，人太多，像火车站候车室。我就不停去看，排在我后面的一位年轻人善解人意，对我说，你去看吧，没事。我就跑去看孩子，然后又回到我的排队中。

三个小时后，我们终于可以去药房交药方了。再等了一个半小时，大包的药拿到了。

阳光下的回家路上，心情轻快起来，给孩子讲在怀孕期，我如何每周和他一起上医院，在他一岁前后，因为小儿病，我们如何跑各种医院，也给他讲学龄前打疫苗我们要如何频繁去医院排队等候。他不喜欢医院的环境氛围，在这种切身感受中，和他谈谈生命，谈谈健康。

回到家，孩子问我，今天是不是以他生病为借口，请了假。

他无意中承认了肚子痛是在找借口。好几天他都很烦躁，厌烦学校。考试都完了，给他看看病，也算给了他一个放风。这种放风，和周末都放假不一样，孩子感觉到一种脱轨独行的满足。

* * *

不想用它来装垃圾

从学校把孩子接回家，我出门去见朋友。

在路上接到孩子的电话："妈妈，我想要那个杯子。我想自己用。就是去中央电视塔上面印了我照片的那个杯子。"

"好啊，那就是你的。"

"妈妈，主要是我不想用它来装垃圾。"

"啊……对，对。今天上午，我还想，我这样做不好，要改正这个事情呢。谢谢你也想起来。好的。对不起啊。妈妈不小心没做好。"

"哈，那我就去倒掉垃圾，洗了自己用啊。"

前一天，我磕了几颗瓜子。当我把瓜子壳放进杯子里时，注视杯子上孩子的照片对爸爸说，也许不该用这个杯子来放瓜子壳，这似乎对孩子不尊重。

爸爸说：是！

我站起身接电话，忘了及时清洗杯子。

孩子这个电话，让我惭愧，也喜悦。我喜欢他懂得捍卫自己，用温和有礼貌的方式。

* * *

兄弟不分

周末，女友绛邀我和她带着各自的孩子，去她家的南戴河别墅住了两天。

白天，我们租船出海看水母；傍晚，我和绛做海鲜饺子，孩子们在沙发上阅读。月光下，幽静的小区，两个不到九岁的男孩，互相伸出一只小胳膊把住对方的小肩膀，走在我和绛的目光里。孩子们轮流讲笑话，把我们笑得弯腰捧腹。

在树林小径，孩子们不断用树枝交叉给我和绛设置路障，要说出密码方能通过。夜灯下没有别人的海滩上，孩子们复制着北京地铁线路，我和绛躺在木椅上聊天。趁我们不注意，孩子们把我的拖鞋埋到沙里，再也找不到了。我建议他们不找。有时候，有人帮你弄丢东西，也是帮你抹去某种痕迹，留下新的记忆。

回家路上，孩子们说，他们很喜欢兄弟不分的感觉。

* * *

孩子与朋友

邻居说：在共同玩耍中，孩子获得心理满足，习得群体生活技能，拥有人际关系资源。

有个小朋友因父母给他择校，不在家附近上学，去了北大附小。在校时间，孩子没有更多玩耍互动的机会，周末回到小区，孩子也很孤独，无法和就近读书的小伙伴融合在一起。

他失去的是两头：一方面北大附小附近住的孩子，周末也在一起玩，无论在校还是在家，都会有亲密小团体；这个小朋友和班上同学与住家小区的同学都比较疏远。

我貌似善于和人交往，真实性格是偏内向的，为了喜欢，尽量积极地对自己的性格有所违背。孩子有活动，我尽力参与。比如，家长会之后，有人提议大家带着孩子去AA制吃饭，或者夏天小区孩子们七点半到九点都在固定区域玩耍。

对于我来说最重要的是和朵儿妈妈交往。朵儿妈妈是一个外向活跃的人。她是家长交往的中心人物，朵儿也是小朋友交往的中心人物。朵儿和我家孩子从小合得来，我和朵儿父母成了朋友，就得了纲举目张的好处。有什么活动，朵儿妈妈都会告诉我，或者她直接带着我家孩子去玩，在活动中，朵儿也总是会拽着我家孩子。

　　我另有贡献：朵儿常来我家玩，我给孩子们做好吃的，给孩子们精选图书等。自然而然，我和朵儿妈妈形成了良性互补，互相搭把手，各自扬长避短，有深度也有广度。

　　我也愿孩子交朋友宁缺毋滥。深交之友给你的是一个纲举目张的世界。朵儿对于我家孩子是某种外部世界的象征，我家孩子对于朵儿是某种内在世界的象征。双方适度交叉。我和朵儿妈妈之间的关系也是如此。朵儿妈妈对我说："你既保守又开放。"

　　孩子和同学的关系都不错，和小区孩子往来也恰到好处，和朵儿又是很铁的朋友，在学校和小区都互相照顾。

我们两家也会安排两个孩子的活动：爸爸们带去看电影看木偶剧，我和朵儿妈妈带着两个孩子在圆明园玩一整天。我们坐在露营地聊天，孩子在树林里奔跑，在小河边捉蜗牛，他们一起设计藏宝游戏，夏天的阳光透过树林照在他们身上。

* * *

三个南瓜酥

　　孩子带了三个南瓜酥到学校，说中午可以吃。晚上回来告诉我，他和某女同学以一个南瓜酥交换了三片奥利奥饼干；与某男同学以两片奥利奥饼干交换了一块牛肉干。他吃了一个南瓜酥、一片饼干和一块牛肉干。

*　*　*

是否规规矩矩

　　睡前有十分钟谈话时间。孩子问我：某某以后会是什么样子呢？

　　他说的某某，是班上那个有名的调皮鬼。有的家长害怕孩子受不良影响，就让孩子敬而远之。孩子和他关系很近，如果说到学校事情，百分之八十是讲到这个调皮鬼：说什么粗话，说老师坏话，老打人……

　　孩子喜欢某某的原因之一，是某某干了他想干而不敢干的事情。

　　孩子问我某某以后会是什么样子，恐怕一是好奇，这个小朋友这样，是不是以后的人生不可收拾；二是，他自己是否有必要规规矩矩？

　　我对孩子说："你的同学有所改变或者有别的机遇，会有一个不错的人生。"

　　"最好他不再老打人，对吧？"

　　我说，是的，并提醒孩子："妈妈不反对你和同学交往，也相信你不跟着他说粗话，不跟着说老师的坏话，并能学习他身上的优点。"

　　成年人面临精力的抉择，孩子面临榜样的抉择。

＊　＊　＊

拥有自己

我问孩子，昨天早上他是不是第一个到班上。

他说是。

做了什么呢？

先把教室桌子上所有的椅子放下来。

多少椅子？

44张。

我想象他放下椅子的情形。

然后呢？

把老师的电脑打开。

然后呢？

画画。

又没有吃早饭，匆匆喝了一点汤就走了。

我说，下周开始不能这样了。

这周既然如此，我就让他看树杈后面的弯弯月亮和星星。我说，还好，这几天，我欣赏到你们学校上空的月亮和星星了。

　　过了一会儿，孩子说，妈妈，我以后早来，你都可以欣赏天上的月亮和星星嘛。

　　到了小学门口，保安拦住问几班的，说不能来这么早，学校除了住校生，一个走读生都没有。来了，就进去吧，以后不要那么早了。

　　孩子用了这个迂回的办法来解决问题。

　　前几天他早上起来想开电脑研究程序，不被允许；又让他学英语。

　　他都顺从了，他不喜欢冲突。然后，他就来了这么一招，早早到学校，享受"拥有自己"的乐趣，还能开班级的电脑。

　　下周开始，早上让他开电脑，让他"拥有自己"，获得一些安慰，吃好早餐，再去承受一整天学校的约束。

* * *

我什么都爱干

带孩子读《论语》，他问怎么做到"无友不如己者"，我说，"三人行必有我师焉"也可以是这句话的注脚之一。

我请他写出他自己和他身边一些人的优点。

他在本子上写道：

"妈妈爱写字。"

"爸爸爱送孩子上学。"

"我什么都爱干。"

我期望他了解自己，也有欣赏他人的习惯。

* * *

六百分的好心情

孩子的账户里有五千分。

在凯恩斯，我借给他移动硬盘，他答应好不损伤我的文件，却忍不住给我格式化了。他失去了在我这里的信誉，他的五千分也"格式化"，清零。

我也反省，侥幸的信任，是对自我失去责任的不作为。

孩子睡觉时，爸爸还在忙。客厅灯晃眼，我催促爸爸关灯。爸爸带着耳机听不见。孩子就起来，自己关了卧室门，对我说："改变别人不如改变自己。"

我说："你实践了一条重要的人生哲学，奖励七十分。"他的新账户已经有五百三十分了，他说他喜欢整数。孩子带着六百分的好心情，睡着了。

* * *

种子

陪孩子逛完电子城，又逛电脑城，他对什么都感兴趣，就候着他慢慢逛。

很快，他就成了电子城和电脑城的嘉宾。女性工作人员，赞叹他为什么懂得那么多，激发了对孩子的好奇、热情和母性慷慨；男性则被他折服，乐意让他看这看那，还虚心向他请教，男人之间的交往，落实在无言的默契和行为的衔接上。

终于累了，去吃饭，孩子说："我慢慢吃。"

慢慢吃完，又在露天的椅子上躺了一会儿。慢慢走到路口等出租车。孩子让我把他抱到铁栏杆上面坐着，给我讲概率，说要这样高高的才能讲。

讲了一会儿概率，看我听得不甚了然，停下来，问："妈妈，你怎么总在说谢谢？"我说："那些生意人陪你玩了一下午，你什么都没有买啊。不由自主有感谢。不只是礼貌，一针一线，一片树叶，一根稻草，都想感谢。感谢请我吃饭的人，也感谢我请客的时候来赴宴的人。还有更多的谢谢，在心里默默地说，只有上苍听见，上苍再把好运给我要感谢的对象。"

接着，孩子又问：为什么欧欧和琪琪，早上起来也对我们说，你好！中午也说，你好！晚上也说，你好？

我说："本来可以这样的。只是有些人不习惯这样。"这时，再次感谢陈焱栗杰夫妇的付出，这是上次旅行中，留给孩子的东西之一。

好东西都留着，在不懂的时候，是种子，埋在生命里，等待蓦然回首，等待生根发芽。

* * *

妈妈，够了

朋友的孩子来我家玩，喜欢孩子的玩具汽车，我不假思索要取下所有的汽车给那个孩子。先搬去三个，又去搬第二批。被保姆雪莲姐姐抱在怀里的孩子，大声对我说："妈妈，够了。"又从我手里拿走汽车放回原处。

是矜持？是分寸和适可而止？

* * *

人需要多几条路

　　孩子要查"无刷伺服电机"。百度没有相关条目。以前建议他去谷歌，他觉得百度就够了。我告诉他，人需要多几条路。这次，谷歌出来好多条目。

　　然后，我们说闲话。我表扬他，昨天晚上我在外面见人有事，他只给我打了一次电话。我建议他以后少给我打电话，尤其是我在忙的时候，不要恶狠狠地问我几点钟到家。我说，我有足够时间陪伴你，有时候有事情就不一定了。

* * *

你会和科学家结婚吗

早餐时，我说："儿子是婴儿的时候，我最爱婴儿；儿子是儿童的时候，我最爱儿童；儿子是少年的时候，我最爱少年；儿子是青年的时候，我最爱青年……"

孩子问："我是科学家的时候，你最爱科学家，是吗？那你会和科学家结婚吗？"

我说，我已经结婚了呀。

孩子问："你见过这样的情况吗？就是，有两个孩子，是一个妈妈生的，是两个不同的爸爸。"

我说："见过的。这样的情况，比较复杂。有很多种情形造成这样的结果。有些事情，你可以理解，但你不一定去做；有些事情，你不一定喜欢，但你要尽量去理解。我们以前就说过：人和人不同。"

* * *

害怕

送孩子上学，开始让他带领我过马路。慢慢地，他就该可以独立过马路上学了。在小区里面，我早上还装盲人，要孩子带着我走路。我假装撞在了树上，假装走错路，他很开心。我告诉他，盲人生活很困难，很多肢体健全的人也有他人无法知晓的隐衷。

他路过一个地方要绕道走。我陪他绕了两步，又带他走原路。我问他为什么要绕道走，他不说。我就俯下身，在他耳边悄悄说，我告诉你一个小秘密，我八岁的时候，也有一次在一个地方要绕道走，你猜是为什么？我告诉他，我是害怕一条大黑狗咬我。他就笑了，悄悄告诉我，他刚才要绕道走，是害怕那个地方有个重东西会砸了他。

* * *

再见得了

　　早上上班时候，给他说再见，要他看着我说话，他看了我一眼，很匆忙，说："再见得了。"

*　*　*

今天星期六

在公园里，他一直拉着我的手唱："今天星期六，今天星期六……"

他高兴星期六能和妈妈在一起。

* * *

我今天就当胆小鬼

　　几个孩子打赌，看谁敢从高台跳下去。有人跳下去了，跌倒在地哇哇大叫。轮到我家孩子，他不跳。旁边的孩子说，谁不跳，谁就是胆小鬼。

　　孩子还是不跳，若无其事独自骑滑板车玩去了。还对我说：妈妈，我今天就当胆小鬼。

＊　＊　＊

可以放在火上烧的壶

厨房里有好几种水壶，我在洗手间，需要孩子帮忙把烧开水用的水壶拿给我接水。我描绘了半天，说得很费劲，孩子终于明白了我所指。问我："妈妈，你是不是要那个可以放在火上烧的壶呀！"那一次，我了解到四岁孩子表达的简练和准确。

* * *

除此之外，谁也不能

孩子上幼儿园前两年，都是他的保姆雪莲姐姐接送他。雪莲在孩子出生前就到了我家，孩子很喜欢她。雪莲结婚走了，我对孩子说，今后，除了爸爸妈妈谁也不能把他从幼儿园接走。

为了弄明白他是不是真的听进去我的话了，我故意考验他，问，舅舅能不能接？他说不能。那雪莲姐姐呢？"也不能。只有爸爸妈妈。"孩子回答得很明确，毫不含糊。我对他将来学数学多了一点信心。

* * *

真剪刀与假电

　　孩子从小在家里做手工，都是用大人用的真剪刀，从不用儿童玩具剪刀。

　　他从小就喜欢研究电，有两箱各种各样的电插板。五岁前，他就能够自己从超市买零配件，回家接通电路，把一堆东西最后变成插进电源可以亮的灯。

　　旁人很善意地为我们担心，说，有十四岁的男孩，因玩电没了命。

　　孩子恪守界线，在我家以外的地方，从不在父母不陪同的情况下私自触摸他酷爱的电源。他自己发明词语，把未连通电源的一切电器设施，称为"假电"。在家里也只是玩"假电"。

*　*　*

妈妈，我不想说那个"想"字

周末去圆明园，孩子想去划船。我坐在凉亭里，对他说，要想划船自己去了解情况。他要我一起去，我说，现在我并不想划船，现在想划船的只有他，他要么自己去问，要么取消划船。

孩子还在犹豫，我说，你去找那边的阿姨，对她们说，你想划船。孩子把小手背在背后，快步走过去了，很快又回来了。对我说："妈妈，我不想说那个'想'字。"我说，那你随便自己说。

这次，他大方地走过去，站在工作人员正面，问："阿姨，划船怎么收钱？"听说押金是二百元，马上回来从我这里拿走二百元，递进窗口，就向码头的船跑去。听到后面工作人员大叫"孩子，你的票没有拿呢"，他又快快跑回去拿票。总之是高兴划着了船。

我欣赏孩子不把自己当孩子，懂得尊重人与人之间的距离，懂得公事公办。

* * *

是一只球

　　失控，吼了孩子。晚上，我问他，那天他是怎么想的。他说，他准备去拿锤子砸我。我问，真的砸还是假的砸？他说，是吓唬吓唬你。是的，我吼他，我也说是吓唬吓唬他。

　　陪孩子做完数学，高兴起来，我才想起告诉他，丹丹妈妈送了他一只篮球。他马上说：为什么小丁送给小明一件最心爱的礼物，小明却一脚踢到很远的地方去了呢？

　　我笑起来：因为那个礼物，不是一个孩子，是一只球，对吗？

＊　＊　＊

会放鞭炮的树

孩子两三岁时，喜欢跟爸爸妈妈一起玩连长句的游戏。有一次，他们又在一起，高高兴兴地玩这个游戏。

妈妈说："那是一棵树。"

孩子说："那是一棵桃树。"

爸爸说："那是一棵高高的桃树。"

妈妈说："那是一棵高高的、春天会开花的桃树。"

爸爸说："那是一棵高高的、春天会开花、夏天会结果的桃树。"

妈妈说："那是一棵高高的、春天会开花、夏天会结果、秋天会落叶的桃树。"

爸爸问："儿子，自己还能再往长里说吗？"

孩子说："那是一棵高高的、春天会开花、夏天会结果、秋天会落叶……"

想了一会儿，接着说："……过年的时候会放鞭炮的桃树。"

爸爸妈妈听了，哈哈大笑，过年的时候，孩子看见，有人把鞭炮挂在树上放，人走开了，鞭炮还在响，就好像桃树也会放鞭炮呢。

爸爸说："不过，在桃树上放鞭炮可是不太好的，是'打叉'的行为，会把桃树吓着的，第二年春天桃树的花也许会变少了。"

孩子好像明白的样子，说："桃树就会像我生病的时候，不想吃饭一样，对吗？"

＊　＊　＊

孩子的决心

三年时间，工作的节奏稳定下来，团队配合协调起来。一些时候，我也可以在下午四点左右离开办公室去接孩子放学。那天，我晚到了一会儿，爸爸已经接走了他。

在家门口，我"抢"走了孩子。爸爸有些不高兴，他想带孩子回家弹琴。

我带孩子去了肯德基，给他买了薯条土豆泥芙蓉鲜蔬汤。这几样都是耗时间的小食品，我是想听孩子说话。看着他吃喝，等着他说话。

薯条吃了一半，他说："妈妈，我有一个绝招。"

又吃了一根薯条："就是呀，如果谁和我对着干，我就不说话。"

喝了一口汤："这样，谁都拿我没办法。包括你喔，妈妈。"

"什么叫和你对着干呢？"

吃了一勺土豆泥："我特指谁批评我。"

　　我想起来，上周，他做错了事情，我把他叫到书房，我坐着，他站着，眼睛对着眼睛，我说任何话，问他任何问题，他一声不吭。

　　过了半个小时，我说：儿子，我们俩都改变一下表情，都微笑一下，好吗？他微笑。

　　我又说：儿子，妈妈说了这么多话，好累，你帮我接杯水，好吗？

　　他去厨房给我兑来一杯温度合适的水，双手递给我。我喝水，问他，是不是记住妈妈说的话了。他点头。我让他自己去玩。他呼地像小鸟振翅般跑了。

　　原来，这个小家伙是从与妈妈的这次对峙里总结了经验。

　　从肯德基出来，我带着孩子到处逛。看着他自在玩耍，我一直微笑着。我琢磨儿子说的绝招，有些道理。

　　天快黑了，孩子才过来拉着我的手，一起回家。我对他说："我思考了你刚才在肯德基和我说的话，很有道理。这是你动脑筋思考的结果，对吧？你是这样的意思吗？当一个人被批评的时候，如果批评不公正，沉默是温和的抗议；如果批评是应当受的，当事人理当不辩解，沉默是礼貌的接受；如果批评有失分寸，沉默之后另找时机再有所解释，双方可能有良好的沟通；如果对批评是心悦诚服的，沉默之后再用行动落实，能做到而不只是急于表决心，也避免了当语言的巨人行动的矮子。当然，也许还有别的方面，我还没有想到，以后想到了，我再和你交流。"

孩子似懂非懂地点头。我又说："但我觉得，上次妈妈批评你的时候，你虽然不说话，但表情很温和，而且站着的姿势也精神。妈妈不觉得你在和我对抗，而是认为你在倾听和思考呢。所以，如果以后遇到这种情况，希望你也像上次那样，为你的沉默搭配温和的表情和笔直的站立姿势，好吗？另外，不要把别人批评你一概等同为别人和你对着干，好吗？有些批评，是帮助你成长的，对吗？妈妈上次批评你之后，你又进步了。"

孩子说："嗯——"

拖长声音，仿佛把"嗯"字往下按住，像弯腰抱起一个大西瓜一样的回应，表示他开心、悦纳，和认真的承诺。

回到家，爸爸正在给孩子做炒饭。我一边换鞋，一边大声对爸爸说："嗨，爸爸，今天，我和儿子交流得可好了。"我用这样的方式，鼓励儿子以后和我继续交流。

一边吃晚饭，我一边对儿子说："今天我们玩得很开心，对吧？晚饭后，该做什么自己知道，对吧？"

我悄悄给爸爸复述了孩子对我说的绝招。爸爸笑了。

我对爸爸说："你是儿子的专业课老师，我是他的人生课老师。人生课上好了，专业课上起来更省力。我这是在给你磨刀呢，不会误了你的砍柴工，也许事半功倍。不要一放学，就把他关回家里学习弹琴，这对孩子身心都不好。在放松玩耍和愉快吃喝中，孩子冷不丁冒出的某些话，可以让我们了解他成长的节点、思想的脉络、思维的方式，我们就可以四两拨千斤扶持他往前走，而不是把问题攒下来，解决费力，还留下硬伤。"

果然，那天晚上，孩子给我的话加了准确的注脚。除了弹琴、做作业，还主动找爸爸学了一会儿剑桥少儿英语，然后，未经提醒，按时上床睡觉了。

* * *

陈焱妈妈

有个提问：爸爸妈妈之外，孩子能否写出其他五个成长保护人来。

十岁的孩子写出的五个人中，有陈焱妈妈，她被放在血缘亲人旁边。

我也曾从奇怪的角度来想我的朋友。比如我死了，谁会出现在葬礼上，万不得已要托孤，我会信任谁。陈焱两次都出现了。与陈焱在二十岁就认识了，在一起的时间不多，也不少。她成了我儿子生命中的人，我儿子也是她生命中的人。

我曾看到陈焱的几段文字：

最近看到好几本书，都讲到了几代人之间的友谊，我便无数次想到了小与。

第一次见到他，他刚刚一个月，我已经陌生了初生婴儿的感觉，便很惊异他的tiny与精致。我和他母亲在旁边大笑，他时而被惊吓。

我回到澳大利亚不久，突然听到一个消息，小与可能是重度先天听力障碍，那时我正开着车，眼泪让我不能前行。那段时间我经常不得不把车停在路边，因泪落不止模糊了视线。

有一次擦干眼泪时，发现旁边就是Blackburn路上的儿童听力诊断和修复中心，我进去咨询了好多信息。

那时本来打算要第二个孩子，我暂时放弃了。我想，当他母亲在经历磨难与痛苦时，我去享受太多母亲快乐是奢侈而可耻的，并且，大家一起有更多力量去支持小与。

将近一年时间，我们确认了小与的听力完全正常，真是悲喜交集，生活仿佛从那之后又重新开始了。我有了第二个孩子。看着儿子们在游泳池或游乐场疯狂玩耍时，我好希望小与也和他们在一起，因为他们是兄弟。

我的这些心路历程，从来没有告诉过小与，也没有告诉过他的母亲。小与四岁多时，我又去看他，他一刻也不愿意离开我。我们相处了半天，他坚持要送我去机场。在机场时，他泪如雨下，凄凉地看着我，最后终于忍不住嚎啕大哭，不让我离开。换票的阿姨也动容地问："为什么不把你的儿子带走？"

在白云之上，想到他我便落泪。从那之后我才明白一个道理，当你爱一个人的时候，不管你是否表白出来，不管是否有沟通的渠道，不管你们是否见过面，他一定是可以感知的。

又见到他，他刚满七岁。我们在一起玩了一个晚上，我本来逗他玩，让他做我的老师，没想到他有让我惊异的才能。

他给我上了数学课、拼音课、写字课、音乐课。他的逻辑与思路相当清晰。上数学课时，他把做题、改题、讲题每个步骤先用文字写出来，再仔细教我。当我装作不会做9+6时，他马上在黑板上写出9+1=10，6=1+5。他对数字相当迷恋，也继承了他母亲准确清楚的语言表达能力，而且，经常爽朗地开心大笑。那天我食物过敏，脸又红又肿，可他坚持要睡在我的身边，这种不离不弃尤其让我感动。他还抱着一个小被子，七年来，据说他一直抱着这个小被子睡觉——这个小被子是在他出生前数年，我离开北京时留给他母亲的。

生命中有很多奇特的联系，传递在一些相爱的人之间，他永远在他母亲身边，给他母亲也给我们探索的谜底，阳光的温暖，世界的新奇，理性的力量，深邃的通道……

＊　＊　＊

六岁自画像

幼儿园毕业纪念册上，爸爸模拟孩子的口吻，留下一幅孩子的肖像：

某某某是我，我是某某某。我是爸爸妈妈的好儿子。

我伟大地出生于公元2001年11月22日。虽然这个日子只有0、1、2三个最小数字，却包含了3个1，3个2，包含了"道生一，一生二，二生三，三生万物"这句话。虽然现在我还不太懂，但我的生日，就是这个意思。信不信由你。

妈妈生我，在医院等了三天，很辛苦，所以我要永远感谢妈妈。

喜欢绿色，也许是因为绿色看起来安静自然吧。我的自行车、书桌、床、书包，都是绿色的。

因为喜欢绿色，所以喜欢春天。春天，到处都是绿色的——绿色，是生命的颜色。所以，我也是大自然的好伙伴。

喜欢吃鸡蛋。煮熟的鸡蛋，看上去白白净净的，也很有营养。

"业余"喜欢钻研各种机械、电气设备的工作原理。不好意思，拆过很多东西啦，钟表、打印机、计算机等等。画插线板的电路图，对我来说早就只是"小儿科"啦。我知道动滑轮的原理，我还知道电阻的单位是欧姆，压强的单位是帕斯卡……

我看起重机、电梯，可不只是看热闹。为了搞清楚各个部分的工作原理，我可以看一个上午，还觉得不过瘾。我最爱去科学馆的A馆。

血型可能是B，也可能是O。B型可能会让我成为作家，也可能成为音乐家，O型可能让我成为科学家。

对音乐的感觉好像越来越好，唱得很准，只是觉得练琴有点辛苦。唉，要成为音乐家、科学家或者其他任何家，都不容易啊，所以需要努力。

人一辈子长着呢，一个人能够学到的能耐也多着呢，我相信我会成为一个有能力的人，这也是爸爸妈妈对我的

"最高"期望。

　　其实这些都不是最重要的，最重要的是，一个人要健康快乐。因为，一个人必须拥有健康和快乐，才能做美好的梦，美梦成真也才有意义。

　　小朋友们，许多年后，别忘记看看这些照片和文字，也许还能记起儿时的伙伴，唤起美好回忆。

　　祝你们好运。

公元2007年5月20日

　　有一天，我曾问儿子对自己的期待是什么，他说他要成为一个VERY GOOD的人。GOOD这个词，我也从象形的角度去看，这是一个外表完美内在包罗万象的词语，就像中文的"好"字一样。

＊　＊　＊

十岁生日

接到放学的孩子，告诉他，十年前那一刻，我见到他第一眼。

三天前，表妹可遇过生日。外公外婆、表妹的外公外婆、四舅四舅妈、三舅表姐、爸爸妈妈、孩子和可遇，很热闹。孩子说，朵儿的生日才是最热闹的。

我问："你喜欢热闹的生日吗？要不要给你办一个热闹的生日？"

孩子说，不，我不是风云人物，我不喜欢热闹的生日，我喜欢在别人的生日上蹭热闹。

我又问："要不要请朵儿来一起吃蛋糕？"

孩子说："不，今天在班上，她说我神经病，还踹人。"

其实，我也有点不舍得与他人分享这么重要的时刻。

我和爸爸商量过怎么给孩子过生日。爸爸说，送他一块表，让他学会管理时间，或者到他最喜欢的中发电子城去逛逛。孩子宁愿就在学校门口的地下商城买了一个4GB容量的USB。

到商城旁边的"金凤成祥"饼屋挑选了一个小型的抹茶蛋糕。等蛋糕的时候，母子各喝了一杯热奶茶。孩子要的是荔枝奶茶加椰果，他一向喜欢与椰子有关的食物。小时候带他的雪莲姐姐男朋友在海南，带过各种椰子制品给他，也许余味留在幼年的口味中。

点心店里，朴素的一张桌子，只坐了母子两人，宁静的母子时光。

蛋糕来了，就在糕点师的窗户下吃起来。没有点蜡烛的仪式，没有唱生日歌。我对孩子说，咱们可是过了一个别开生面的生日啊。孩子说："嗯，从来没有过的。"

我说，对，十年前，有十个月时间，你和妈妈是一体的，今天，妈妈先陪你吃蛋糕，晚上等爸爸回家，我们三个人再一起吃。

把蛋糕分成三块，留一块给爸爸。孩子把USB挂在粉色的生日快乐纸帽子上，让它垂在鼻子尖上，又把生日帽子倒着戴。在我眼中，这些举动，可爱极了。

给他照了几张照片，我尽量用那件可爱的格子棉背心遮住他的校服。我舍不得孩子生日照片是穿着校服的，就像我喜欢自我祝福的生日。

我告诉孩子，《诗经》里有"嘤其鸣矣，求其友声""与子同袍，岂曰无衣"，有些东西，私有不如共有；有些东西，分享不如私享。孩子说："我知道，你们有两个秘密，你当女朋友的时候，很久都是爸爸的秘密，我当胎儿的时候，开始是你和爸爸的秘密。你们舍不得告诉别人。"

我说，不过，人和人不同。你的朋友似乎从另外的方面获得他们对人生的不同感受。朵儿的妈妈会给她张罗人很多的生日聚会，她的爸爸喜欢她戴红领巾的照片。你的朋友欣雨很爱惜她的校服，有天放学，她要换下校服才来和我们玩。另一天，在家附近的小公园，她爬树之前，脱掉了校服。天很冷，我提醒她穿，她也不穿。而你的校服是最脏的，你和我似乎都不在乎，上次订新校服，你忘了，我也没有当回事。

在你上小学之前，我就怕你的学校每天让你穿校服，我不舍得你的童年是在制服中度过。还好，周一或者有活动时，才让你们穿校服。据说到了中学，就得天天穿校服了。我听说，有女中学生，为了抗议学校统一规定剪短发，甚至自杀了，这当然太极端，太可惜了。

以生日为由，我们打破了作息规律，我甚至想连奥数也不让孩子做。爸爸不同意，只能把弹琴漏掉。做奥数的时候，爸爸还是有点脾气，他希望一个人做事要一以贯之，总在状态，生日也不是打乱日常规律的理由。我赞同他关于做事认真并持之以恒的观点，但，人生不只是事情导向，人、情感、情绪有自己的导向，我太在乎生命的感受了。

　　我喜欢有网开一面的时刻，有打破成规的时刻。我和爸爸所有矛盾的源头，就是"事"与"人"的冲突。这样南辕北辙的两个人，偏偏成为一个孩子的父母，孩子获得了父母环境的多样性，也要承受贴身的冲突。爸爸已经按点作息去睡觉了，我和孩子还在继续"过生日"。

　　孩子躺在我书房沙发上，翻看我从书架顶层取下来的幼儿园毕业纪念册。我希望和他一起对他的生命有个小小的回顾。

　　临睡前，又给孩子照了几张照片。孩子很享受，还做各种怪样子。不过，我似乎总无法喜欢装怪相或伸出食指中指做V或者兔子耳朵样的照片。孩子喜欢这样，我也笑了。

　　刻意而随便地过了孩子的十岁生日。我告诉孩子，有人的生活是更加"文质彬彬"，有讲究的，我的同学张洁宇恋爱时，就和男朋友到颐和园找了一段估计不会被拆毁的城墙，站在那里照合影照。如此，每年同样的日子同样的背景都照一张。等他们有了孩子，就开始三人合照。那些照片，在静止的背景前，年复一年重复而又变化，很有意思。

我有时羡慕这样的人，但终究又不愿意努力去那样做，所以，生活留下不少空白和遗憾。小时候，没有给孩子录像，永远看不到他的各种婴儿态了。

奇怪的是，也并不为此真正难过，反而是自欺欺人地想："在我自己心里，独一无二地收藏着很多画面，我在很多时刻独自凝视。在孩子那里呢，那些时刻，都在细胞的生灭中变成了他生命最内在的画面，他在潜意识中拥有它们。"

* * *

亲爱六题

面颊温暖

危险的事固然美丽

不如看她骑马归来

面颊温暖

——张枣《镜中》

儿子，当你穿过沼泽地，愿你留下丹顶鹤与朗月的回忆。

沼泽地，仿佛沃土与清泉交融，夜明珠却在深宅里。

回到屋檐下，看星垂平野，月涌大江。

分担与共享

我们分担寒潮、风雷、霹雳

我们共享雾霭、流岚、虹霓

仿佛永远分离

却又终身相依

——舒婷《致橡树》

儿子，当你穿过世界，绽放你的激情，无论友谊还是爱情，愿你平衡独立与相依。

无论雪中炭，还是锦上花，愿你左手接纳右手奉献。

安抚困倦的灵魂

这是我们各自的不幸

也是我们共同的苦衷

——舒婷《秋夜送友》

儿子，当你在迷迷蒙蒙的春雨中，被她的才华触动，那女子的灵魂，已是百炼钢化作绕指柔，你可愿把自己的沧桑与她共？

回忆翻山越岭的足迹，在风水宝地，安置同你隐居的伴侣。

再给你手的温存

一定要走吗，等我和你同行，

我的足知道每条平安的路径，

我可以不停地唱着忘倦的歌，

再给你，再给你手的温存。

当夜的浓黑遮断了我们，

你可以转眼地望着我的眼睛。

————何其芳《预言》

儿子，当人生过半，你可仍有温情款款，在深夜为你心爱的女子，背诵几首人间的好诗？为她唱一曲《童年的小衣裳》？

即使不是"最后一杯"，你也应"慢慢饮用"，即使是"最后一杯"，你也可"一饮而尽"。你活出这样的际遇，就是我的慰藉。

你的等待和忠诚

等大道变成歌曲

等爱情走到阳光下

当宽阔的银河冲开我们

你还要耐心等我

扎一只忠诚的小木筏

——舒婷《"？·！"》

儿子，我的怀抱曾是你的襁褓。你也要懂得深深的拥抱，切切的怜惜。让一朵幽暗的花绽放，让一脉飘散的香凝聚，让一块璞玉得到雕琢。

有人来归，有心来随，有宝来藏，有凤来仪。你所与所得，就是我的慰藉。

人间孤独者

　　我曾梦见自己是一个畸零人，醒时犹自呜咽。因着遗留的深重的悲哀，这一天中我怜恤遍了人间的孤独者。

　　我曾梦见自己是一个畸零人，因着相形的浓厚的快乐，这一天中我更觉出了四围的亲爱。

　　母亲！当我坐在你的枕边，虽然是你的眼里满了泪，我的眼里满了泪呵——我们却都感谢了造物者无穷的安慰！

——冰心《安慰》（一）

　　儿子，我给你生命，也给了你百年孤独。你给了我荣华，也让我失去自由。

　　母子一场，能依偎多少年？相遇恨晚，来生不知如何见。

后记与致谢

　　从《纯棉时代·感动》到《纯棉时代·亲爱》，中间隔了10年。

　　这10年，我的儿子赵卿与，由3岁到了13岁，以九级优秀通过了中央音乐学院钢琴考试，成了一名初口生，可以自己带钥匙进出家门，把更多自由还给了父母。

　　这10年，我的丈夫赵洪云，由工程师变成了业余畅销书作者，出版了《爸爸与小孩》（1-2）；由陪儿子学钢琴的爸爸，变成了"贝多钢琴学习陪练机"发明专利的主人，有了可以造福人群的技艺产品，以此人生转型。

　　这10年，我的父母更老了，我的父亲过了80大寿，我的一个兄弟，被癌症击倒了。

　　这10年，我的老师，有的进了养老院，有的退休了，有的快要退休了。

　　这10年，我的朋友，有的近了，有的远了；有的再也联系不上了。

　　我自己呢？走过了漫漫的内心之路，继续我的"纯棉时代"。

　　2004年秋冬，《女友》集团我的前同事宁朵来北京时，她先生赵伟也在清华大学学习，我的三本散文集正在人民文学出版社陈阳春手中编辑，在清华南门咖啡厅，赵伟问我，自我印象可以用什么物质或者名词来对应，我说是"棉，纯棉"。于是就有了2005年的"纯棉时代·感动"书系。在此感谢赵伟夫妇和陈阳春等诸位。

　　2014年夏，经由方兴东、薛芳，我与中国发展社编辑马英华认识，又经她认识该社资深编辑徐瑞芳女士、副总编辑尚元经先生、社长包月阳先生等。于是，有了2015年的"纯棉时代·亲爱"书系。在此感谢中国发展社诸位，感谢海云先生的封面设计，艺术家周丽女士、许英辉先生特供的画作。

　　2014年，对于我是"生命历史"年份。"心灵事件"引起的内心风暴，一极是乐，一极是苦，因其极极而显得十分漫长，容我得以完成内在生命的翻山越岭。

　　其间，感谢方兴东、王俊秀、陈晓兰、张洁宇、刘丹、陈焱、马浩楠、冉孟灵、向平等朋友给予我的情义。

　　感谢给我选择自由的赵洪云，感谢给我未来期待的赵卿与。感谢喜欢十字绣和做饭的侄女赵妤。感谢不再轻易打扰我的家人。

　　写作，是没有清泉时泪水泡的茶，是没有知己时独饮的酒，是没有爱人时爱情显的灵。这是一种秘密的自我治疗，是亏欠的偿还，多得的转馈，褫夺的回归，暗伤的慰藉，极乐的私享，恨晚的时光倒流，追悔的未曾发生。

　　敬谢给我写作指引和建言的汪丁丁、陈平原、曹文轩、吴晓东、吴伯凡、李炳青等师友。

　　敬谢此次为三本小书作序的导师温儒敏教授，师姐高秀芹、邵燕君，以及师妹马英华。

2015年1月31日